国家级精品课程配套教材

东北财经大学会计丛书

Practical Training Course of Fundamental Accounting

基础会计实训教程

（第六版）

陈国辉 陈文铭 傅丹 王健 编著

东北财经大学出版社
Dongbei University of Finance & Economics Press
大连

图书在版编目（CIP）数据

基础会计实训教程 / 陈国辉等编著 . —6 版 . —大连 ：东北财经大学出版社，2022. 8（2024. 9 重印）
（东北财经大学会计丛书）
ISBN 978-7-5654-4299-5

Ⅰ. 基…　Ⅱ. 陈…　Ⅲ. 会计学-教材　Ⅳ. F230

中国版本图书馆 CIP 数据核字（2021）第 156652 号

东北财经大学出版社出版
（大连市黑石礁尖山街 217 号　邮政编码　116025）
网　　址：http://www. dufep. cn
读者信箱：dufep @ dufe. edu. cn
大连天骄彩色印刷有限公司印刷　　东北财经大学出版社发行

幅面尺寸：170mm×230mm　　字数：273 千字　　印张：14
2022 年 8 月第 6 版　　2024 年 9 月第 4 次印刷

责任编辑：李　彬　王芃南　　责任校对：包　楠
封面设计：张智波　　版式设计：钟福建

定价：39. 00 元

教学支持　售后服务　　联系电话：（0411）84710309

如有印装质量问题，请联系营销部：（0411）84710711

第六版前言

理论来自于实践，更重要的是理论指导实践，会计尤为如此！

随着社会主义市场经济的日臻完善，越来越多的人意识到会计工作在经济管理中的突出作用。在当今人才市场上，高层次应用型会计专业人才已经连续多年成为企事业单位追抢的对象。通过多年的会计专业教学实践，我们深切地体会到：为了提高会计专业教学质量，除了需要通过提高会计专业教师队伍的整体素质、及时更新和选用高质量教材与采用现代化教学手段以确保课堂教学质量外，还必须加强专业实训教学管理力度和加大相关资源建设的投入力度，迅速提高实训教学环节的质量。

党的二十大报告指出，培养什么人、怎么培养人、为谁培养人是教育的根本问题。根据社会需要确定培养目标，根据培养目标确定培养方案和手段，这是高等院校组织教学的一般规律。既然社会需要财经专业绝大多数毕业生从事实际工作，那么我们的课程设置、教学内容和教学方法就要适应这一要求。为了使毕业生走上工作岗位后能够尽快适应并胜任实际工作，缩小理论与实践的距离，在学校学习期间就应该注重培养学生的实践能力和操作技能。在学校里培养学生的会计专业实践能力，主要办法之一就是在学校设立会计实训教室，编写实训教材，直接在实训教室里实习。以往，财经专业的学生大多依靠下工厂、下商店等途径来培养、锻炼和提高实践能力。多年的实践证明，学生下工厂、下商店实习存在一定的弊端。例如，学生下去后不允许直接动手记账、编表等，因此不能真正解决学生实际操作能力差的问题，往往导致实习流于形式，达不到预期的效果。而在实训教室里根据实训教材进行实训，能够提供下工厂、下商店的同样条件，达到同样的目的。

会计学科是一门应用型管理学科。会计教学过程中的理论联系实际，是会计学科教学改革的核心和基本目标。因此，我们在会计教学过程中，不仅要向学生传授会计理论和会计方法，而且要培养学生应用会计理论和方法来解决会计实际问题的能力，这就需要组织和完善会计实训教学工作，强化会计实训教学环节。通过多年的教学实践我们发现，会计模拟实训是会计教学过程中不可或缺的一个基本环节，是会计教学改革的重要举措，是巩固学生的会计理论知识、提高基本技能的重要手段。基于这样的一种认识，为了满足会计实训教学的需要，我们组织编写了《基础会计实训教程》。

《基础会计实训教程》模拟了一个制造业企业的会计核算流程，将企业某一期间的全部经济业务移植于本教程，对其全部核算资料进行加工、整理。按照教程编写体系的要求，我们设置了单项模拟实训和综合模拟实训两大板块。在每一板块中又具体包括“实训目的”“实训资料”“实训要求”“实训步骤”“实训思考”“实训提示”等内容。本教程按照会计循环的流程，以会计实训教室为依托，直观地再现了一系列典型的企业会计业务，使参加实训的学生在模拟的环境下接受严格的训练，熟悉日常会计业务处理流程，掌握分析原始凭证、选择记账凭证以及正确编制会计分录、完成复式记账与过账的操作技巧，熟悉定期进行的试算平衡与期末结账等方法，完成期末主要财务报表的编制等任务，从而提高会计专业学生的记账、算账、报账和用账的实际操作能力。

本教程力求在内容上体现会计改革的最新要求，以最新的会计准则及制度等会计规范为依据，以某一企业在某一会计期间真实的经济业务为实例，做到实训资料准确，实训设计科学，实训步骤合理，实训所用证、账、表具有高度仿真性，实训内容具有一定的实践性、启发性、综合性和应用性，并注重将业务处理的实际操作训练与会计职业判断能力的培养相结合，以培养复合型、应用型的会计人才。

本次再版我们还特别结合了《关于深化增值税改革有关政策的公告》（财政部 税务总局 海关总署公告 2019 年 39 号），《关于修订印发 2019 年度一般企业财务报表格式的通知》（财会〔2019〕6 号），财政部会计司发布 2021 年第一期、第二期企业会计准则实施问答等规范的精神完善本实训教程的内容。

在此需要加以说明的是，本书中所涉及的实训单位名称和经济业务中的具体数字等，纯属虚构，望读者不要误解。

本书由东北财经大学陈国辉教授、陈文铭教授、傅丹教授、大连安达圣岛房地产集团高级管理会计师王健共同编著，全书由陈国辉教授总纂定稿。为了便于各位读者核对自己对实训内容的解答结果，本书作者与东北财经大学会计学院刘英明、莫冬燕、金韵韵老师共同编写了本实训教程的参考答案，置于东北财经大学出版社的网站（www. dufep. cn）上，供大家学习时使用。由于时间仓促，水平所限，本书的体例安排和内容表述可能存在某些缺点和不足，诚恳地希望读者批评指正，以便再版时修正。

编著者

2023 年 6 月于大连

目　录

第一篇　总　论

第二篇　会计单项模拟实训

第三篇　会计综合模拟实训

第一篇　总　论

一、会计模拟实训的意义

会计教学过程是教和学相长的过程。教师给学生们讲授的会计基本理论、基本原理和基本技术方法，都是他们在长期的生产实践中不断总结、概括并借鉴前人先进的经验而形成的。离开了会计实践也就无法概括、总结出相应的会计理论。实践是人类在一定社会组织中有目的地认识世界、改造世界的物质活动。实践是认识的基础，在认识活动中起着决定性的作用。学生在课堂上接受老师的理论讲解，从书本中学习的也只是理论上的讲述。特别是近年来，一些大中专财经院校会计专业的学生，由于受一定的条件限制，如经费紧张等，实践的机会较少，即便有机会参加实践，也很难亲自“真刀真枪”地进行实际操作，致使有些学生眼高手低，看起来容易，做起来难，毕业后到实际工作部门不能马上适应工作的需要。为此，有必要加强会计实训教学，培养会计应用型人才。从事实际工作的部分会计人员，由于没有受过严格的、正规的、系统的理论和实践的培训，对本单位的经济业务进行会计核算的操作也很不正规，大都沿袭前任会计人员的具体做法进行操作，使会计实际操作五花八门，缺乏规范化、正规化和系统化。鉴于此，也有必要开展会计实训教学。为此，我们组织编写了《基础会计实训教程》，它是学习和掌握会计其他专业课模拟实训的前提。学习这本书，可以缩短会计专业在校学生或理论研究者与会计实践的距离；掌握这本书中的内容，可以使会计工作者从事会计实践操作更加规范化、正规化和系统化；使用这本书，可以为开展会计实践教学创造条件；借鉴这本书，可以为研究会计实践教学法闯出新路。

二、会计模拟实训的目的

会计理论来源于会计实践，又指导会计实践，且必须应用于社会实践。汇集了企业生产经营各方面信息的会计工作，在企业中属于掌握商业秘密的岗位，企业一般不便接受在校学生的实地参观、实践。这种工作的性质与特点，使得基础会计课程的社会实践受到限制。这点与企业非常欢迎学生参与其销售实践的市场营销课程不同。因此，基础会计课程的社会实践主要采用在学校实训教室以会计模拟的方式进行，通过设计丰富、逼真、系统的企业会计业务的操作系统，让学生真实体验会计信息确认、分析、归集、编报和输出的过程。

随着经济的发展，政府、企业和其他经济组织急需具备扎实专业基础并且勤劳肯干的会计人才。这些单位要求会计专业毕业生缩短工作适应期，能尽快独立地进行会计操作，胜任会计工作。为了培养合格的会计人才，满足会计部门的实际需要，我们必须重视会计实训教学。为开展好会计实践性教学，首先必须明确实训教学的目的：

（1）基础会计模拟实训主要是通过会计实验室、课堂等场所对学生或学员进行会计核算的模拟实训，以使学生初步掌握填制和审核各种原始凭证、编制和审核记账凭证、编制原始凭证汇总表及汇总记账凭证，以及登记库存现金日记账、银行存款日记账、各种明细账和总账的方法，基本掌握期末账项调整、账簿查错与错误更正、账项结转与结账以及试算平衡表、发生额及余额对照表、资产负债表和利润表编制的基本技能。

（2）在基本掌握会计核算中证、账、表的编制技能和审核方法的基础上，再对照理论教材学习，把所学的基本理论、基本原理和基本技术方法与会计具体核算操作的实际结合起来，坚持理论联系实际，从而加深对会计专业的认识，提高对所学专业的兴趣。

（3）通过会计核算方法模拟实训，会计工作者或学生可以检验自己的实际操作能力，结合会计工作“达标准、上等级”的要求，使会计核算程序规范化、方法标准化、操作统一化。

（4）在对会计核算实际操作的过程中，要把具体核算步骤同所学的基本理论和基本知识结合起来，通过边实训、边学习、边思考、边总结，巩固所学的会计基本理论和方法，并弥补书本知识的不足。

（5）通过基础会计模拟实训，培养会计人员懂理论、善操作的理论联系实际的工作作风，造就大批对本职工作认真、细致、踏实肯干、兢兢业业的会计人员。

三、会计模拟实训的任务

通过会计模拟实训，可以学到单从课堂教学中学不到的东西，解决仅靠理论无法解决的问题。为了更好地发挥会计模拟实训的作用，必须明确会计模拟实训的任务，具体概括如下：

（1）会计模拟实训是解决会计教学中理论与实践相脱节问题的，以培养学生树立理论联系实际的良好学风为目的。因此，在会计模拟实训过程中，每个学生都应较为熟练地编制和审核会计凭证、登记会计账簿和编制会计报表。

（2）通过会计模拟实训，学生应掌握在不同会计核算形式（或账务处理程序）下，不同规模的企业、单位会计核算的方法和技能，以便能够在将来工作中结合企业、单位的实际情况，科学、合理地组织会计核算。

（3）通过基础会计模拟实训，并结合不同专业会计模拟实训，使实训者达到可直接上岗操作的程度，以发挥会计模拟实训中的"实训"作用。

（4）会计模拟实训的实质是解决学习者实际操作的问题，在强调增强实践知识、提高实际操作能力的同时，不能忽视理论学习和研究。作为学生，应首先学懂、弄通会计的基本理论、基本概念和基本原理，然后才能用它们去指导实践，并为实践服务。

总而言之，会计模拟实训的目的就是让实训者了解会计循环的基本要素和基本步骤，强化对会计循环要素的感性认识，掌握会计凭证和会计账簿的填制方法，初步掌握主要会计报表的基本编制方法，明确会计工作的规范要求，系统地掌握企业主要经济业务的会计处理过程。

四、会计模拟实训的内容

会计模拟实训的内容主要包括会计单项模拟实训和会计综合模拟实训两大部分。

（1）会计单项模拟实训主要包括原始凭证、记账凭证填制和审核的实训方法，应依据法规、制度和遵循的规范进行操作。此外，单项模拟实训还包括企业（仅以制造业企业为例）供应、生产和销售三个环节的核算与成本计算中会计凭证取得或填制的方法，库存现金日记账、银行存款日记账、各种明细账和总账的设置与登记及登记中应遵循的规范和准则，账项调整、账项结转与结账、错账查找与更正的方法，以及试算平衡表、发生额及余额对照表、资产负债表和利润表的编制依据及编制方法等。

（2）会计综合模拟实训包括不同核算组织形式下的各种模拟实训。介绍几种常用会计核算形式的基本内容和核算步骤，证、账、表的填制方法，以及模拟实训中各种不同核算形式的特点、适用范围和具体模拟方法。

（3）本实训教程涉及的原始凭证需加盖印章处省略。

五、会计模拟实训的要求

实施会计模拟实训时，一般应遵守以下要求：

（1）以模拟企业实际发生的经济业务作为实训内容，实训时间为30课时，安排在“基础会计”课程内容讲授完成之后。

（2）完全按照生产企业或实际部门组织会计核算的程序、方法及所使用的证、账、表来组织会计模拟实训，使会计模拟实训更具真实感。

（3）实施会计模拟实训时，必须按照会计制度规定用蓝、黑墨水笔填制凭证、登记账簿、编制报表，不得随意用红笔记录。

（4）会计数码的书写要符合要求，如发现登账、结转和结账过程中有记账错误，必须用正确的方法予以更正，否则考核时视为不符合模拟实训要求。

（5）模拟实训的业务内容和类型是企业实际发生的经济业务，并且按照财政部最新会计准则、会计制度的规定进行核算和操作。

（6）模拟实训结束后，应按照会计模拟实训考核规定和考核标准进行对照检查，对每个模拟实训者作出综合评价，评定出实训者的实训成绩。

六、会计模拟实训的方法

会计模拟实训的方法是完成会计模拟实训任务、达到会计模拟实训目的的一种手段。其具体包括：

（1）明确模拟实训的具体目的和要求；

（2）审查和分析所要实训的经济业务的内容、性质与类别；

（3）根据审核无误的各类原始凭证，编制记账凭证；

（4）根据收、付款记账凭证，登记库存现金日记账、银行存款日记账；

（5）根据原始凭证或记账凭证，登记各种明细账；

（6）根据记账凭证、科目汇总表或汇总记账凭证，登记总账；

（7）会计期末按要求调整有关账项，对损益类账户进行结转，然后再进行结账；

（8）根据账簿记录，编制试算平衡表或发生额及余额对照表；

（9）根据账簿记录资料，编制主要的会计报表。

在具体实施会计模拟实训时，从其方法角度看，应满足会计模拟实训的各项要求，并符合会计的一般惯例。

七、会计模拟实训的组织形式

会计模拟实训有以下几种组织形式，实训者可根据不同情况灵活选用：

(1) 单人实训，即每一个参加实训的人员均要独立完成会计实训的全过程，在实训过程中一个人需要担任不同角色，不断转换角色。

(2) 分组实训，即每两人组成一组，组员共同讨论，各有分工，共同完成会计模拟实训。

(3) 分组分角色实训，即四人左右组成一组，小组每一成员均有固定角色（如出纳、记账会计、主管会计等），在分工、牵制的基础上共同完成会计模拟实训。

八、正确填写票据和结算凭证的基本规定

在会计模拟实训的过程中，需要填制各种各样的票据和结算凭证。对于这些票据和结算凭证的填写应符合以下要求：

(1) 中文大写金额数字应用正楷或行书填写，如壹（壹）、贰（贰）、叁（叁）、肆（肆）、伍（伍）、陆（陆）、柒（柒）、捌（捌）、玖（玖）、拾、佰、仟、万、亿、元、角、分、零、整（或正）等字样。不得用一、二（两）、三、四、五、六、七、八、九、十、毛、另（或0）填写，不得自造简化字，但金额数字书写中可以使用繁体字。

(2) 中文大写金额数字到“元”为止的，在“元”之后，应写“整（或正）”字，在“角”之后可以写也可以不写“整（或正）”字。大写金额数字有“分”的，“分”后面不写“整（或正）”字。

(3) 中文大写金额数字前应标明“人民币”字样，大写金额数字应紧接“人民币”字样填写，不得留有空白。大写金额数字前未印有“人民币”字样的，应加填“人民币”字样。

(4) 阿拉伯小写金额数字中有“0”时，中文大写金额数字应按汉语语言规律、金额数字构成和防止涂改的要求进行书写。具体如下：

①阿拉伯数字中间有“0”时，中文大写金额要写“零”字。例如，“2 806.30”应写成“人民币贰仟捌佰零陆元叁角整”。

②阿拉伯数字中间连续有几个“0”时，中文大写金额中间可以只写一个“零”字。例如，“2 008.35”应写成“人民币贰仟零捌元叁角伍分”。

③阿拉伯数字万位或元位是“0”，或者数字中间连续有几个“0”，万位、元位也是“0”，但千位、角位不是“0”时，中文大写金额中可以只写一个“零”字，也可以不写“零”字。例如，“203 000.18”应写成“人民币贰拾万叁仟元零壹角捌分”，或者写成“人民币贰拾万叁仟元壹角捌分”。

④阿拉伯数字角位是“0”，而分位不是“0”时，中文大写金额“元”后面应写“零”字。例如，“482.06”应写成“人民币肆佰捌拾贰元零陆分”。

（5）表示金额时，阿拉伯数字前面均应填写人民币符号“￥”。

（6）票据的出票日期必须使用中文大写。为防止编造票据的出票日期，在填写月、日时，月为壹、贰和壹拾的，日为壹至玖和壹拾、贰拾和叁拾的，应在其前加“零”；日为拾壹至拾玖的，应在其前加“壹”。例如，“1月18日”应写成“零壹月壹拾捌日”，“10月20日”应写成“零壹拾月零贰拾日”。

九、实训报告的撰写

实训报告是对实训过程及结果的一种总结，通过编写实训报告，把实训过程中的感悟予以归纳。具体地说，实训报告应包括以下的内容：

（1）实训内容；

（2）实训过程中遇到的问题及解决的具体办法；

（3）实训体会；

（4）实训建议。

十、成绩考核

（一）成绩考核的基本规定

（1）操作人员每完成一项实训课程，必须进行成绩考核，确认是否达到规定标准。达到规定标准的可以进行下一项实训操作；未达到规定标准的应继续进行本项实训，直至达到规定标准。

（2）实训成绩考核应严格按有关规定进行，切实使操作者通过本套模拟实训课程熟悉会计工作的必要环节和基本要求，达到或基本达到从事会计工作的水平。

（3）成绩考核应按个人进行，实行独立操作、逐个考核、区别对待，使每个操作者都能达到标准，避免成绩考核上的“大锅饭”。

（4）成绩考核的基本内容以完成实训课的项目为主，着重考核基本功。其包括：

①掌握会计基本原理的情况。对操作人员最基本的要求就是能够正确地、及时地记账、算账和报账。熟练地掌握科学的会计方法，从填制审核凭证开始，到记账、过账、对账以及编制会计报表都能运用自如并符合规定。

②掌握核算基本技能的情况。在实际操作演练中是否能够熟练地应用计算技术，求得准确的数据资料。

③熟悉会计制度的情况。操作人员不仅要领会会计制度的本质，还必须熟悉它的具体规定和要求，并正确地反映在会计监督上。

④懂得被模拟企业、单位经济业务的情况。只有懂得经济业务才能正确地反映经济业务，才能加强管理，才能及时发现问题、提出建议、改进工作，发挥会计应有的作用。

（二）成绩评分参考标准

（1）分数等级：优秀——90～100 分；良好——80～89 分；中等——70～79 分；及格——60～69 分；不及格——60 分以下。

（2）分数比例：正确性——60 分；规范性——20 分；及时性——10 分；实习纪律——10 分。

另外，凡出现下列情况之一者，应评定为不及格：

①会计凭证、会计账簿、财务报表之间的数据出现严重不符者。例如，记账凭证没有相应的附件；有记账凭证但未登记入账；会计账簿中有记录但没有相应的记账凭证；财务报表数据与会计账簿记录严重不符等。

②出勤率未达到 80% 以上者。

③有明显抄袭行为者。

④严重违反实训教室管理制度者。

第二篇　会计单项模拟实训

会计单项模拟实训主要包括会计凭证模拟实训和企业生产经营过程核算的模拟实训两部分。会计凭证模拟实训主要模拟原始凭证和记账凭证的填制与审核；生产经营过程核算的模拟实训主要模拟制造业企业供应、生产和销售三个环节的核算，在此基础上模拟编制汇总记账凭证、登记库存现金和银行存款日记账、登记各种明细账和总账、编制主要会计报表等，从而掌握会计循环的基本流程。

会计单项模拟实训是按照会计核算形式所规定的核算步骤进行的。第一步，根据模拟企业实际发生的经济业务，填制和审核原始凭证，然后根据原始凭证编制记账凭证，再根据记账凭证编制汇总记账凭证。第二步，根据审核无误的会计凭证分别登记库存现金和银行存款日记账、各种明细账和总账。然后于会计期末进行会计账项调整、结转并结账、对账。如果发现账簿记录存在错误，应及时予以更正。第三步，根据有关的总分类账簿记录资料编制资产负债表和利润表等主要的会计报表。另外，正式编制会计报表前还应编制试算平衡表进行试算平衡。因此，会计单项模拟实训三个步骤的相互结合便形成了会计核算的一个完整体系。

第一章　会计凭证实训

会计凭证是记载经济业务，明确经济责任，并作为记账依据的书面证明文件。

填制和审核会计凭证是会计核算工作的基础，是保证会计核算资料真实、可靠和完整的关键，是发挥会计监督职能的重要一环。每个企业办理任何一项经济业务，都要办理凭证手续，由执行或完成该项经济业务的人员填制或直接获得有关凭证，以记载经济业务的内容和数量，并在凭证上签名或盖章，对凭证的真实性和正确性负责。全部会计凭证还必须经过有关人员严格的审核，只有审核无误的会计凭证才能作为登记账簿的依据。

本章有关会计凭证的模拟实训，从实务角度出发，对企业日常发生的经济业务可能涉及的原始凭证及记账凭证的填制和审核进行系统的演练，使操作者明确各种会计凭证填制和审核的基本技术、基本步骤与基本要求，加深对会计凭证的认识和理解，提高学生的实际操作能力。

实训企业基本概况

企业名称：大连新世纪股份有限公司

厂　　址：大连市京连路158号

电　　话：0411-81930847

开户银行：中国工商银行大连分行京连路分理处

存款户账号：6222210058615348001

贷款户账号：6222210058615348002

纳税人识别号：91210204978027086E

经济性质：股份制

经营范围：产品制造

机构设置：公司下设生产车间、车队及各职能科室

会计核算组织：公司财务部一级核算

相关人员：财务部部长——李诚；会计主管——孙丽；记账员——张斌、赵一；出纳员——王艳；保管员——王林；法人代表——曲广富。

本企业为增值税一般纳税人，增值税税率为13%；城市维护建设税按实际应缴的流转税（包括增值税、消费税）的7%计缴；企业所得税税率为25%。

本企业的法定盈余公积提取比例为10%。

本企业应付给投资者的利润：按年末董事会决议，依据各方出资比例分配。

实训一　填制原始凭证

原始凭证是在经济业务发生时填制或取得的，用以载明经济业务内容和完成情况的书面证明。按其取得的来源不同，可以分为自制原始凭证和外来原始凭证。原始凭证的种类和格式是千差万别的，在其填制方法和填制要求上既有共性又有特性，要注意掌握其异同。

〔实训目的〕

通过填制原始凭证，掌握根据经济业务内容填制各种不同格式原始凭证的方法和技巧，熟悉各类业务应用的原始凭证种类、格式及填制的具体方法，加深对原始凭证有效性的认识，填制原始凭证时务必做到准确、清晰。

〔实训资料〕

大连新世纪股份有限公司 2021 年 6 月份（1—10 日）发生下列经济业务：

1. 1 日公司从中国工商银行取得期限为 6 个月的生产周转借款 1 000 000 元，已划入公司存款账户，双方商定的借款年利率为 6%。

该项业务要求填制中国工商银行流动资金借款单，其格式见证账表 1-1。

证账表 1-1

中国工商银行借款凭证

年　　月　　日　　　　　　　　　　第　　号

<table>
<tr><td>借款人</td><td></td><td>贷款账号</td><td></td><td>存款账号</td><td colspan="10"></td></tr>
<tr><td rowspan="2">贷款金额</td><td colspan="4" rowspan="2">人民币
（大写）</td><td>千</td><td>百</td><td>十</td><td>万</td><td>千</td><td>百</td><td>十</td><td>元</td><td>角</td><td>分</td></tr>
<tr><td></td><td></td><td></td><td></td><td></td><td></td><td></td><td></td><td></td><td></td></tr>
<tr><td rowspan="2">用　　途</td><td rowspan="2"></td><td>期　　限</td><td>约定还款日期</td><td colspan="11">年　　月　　日</td></tr>
<tr><td></td><td>贷款利率</td><td></td><td colspan="5">借款合同号码</td><td colspan="5"></td></tr>
<tr><td colspan="15">上列贷款已转入借款人指定的账户。

复核　　　　记账</td></tr>
</table>

第一联　回单

2. 1 日，出纳员开出现金支票一张，从开户银行提取现金 5 000 元用作备用金。

该项业务要求填写现金支票，把现金支票存根留存作为原始凭证，其格式见证账表 1-2、证账表 1-3。

证账表 1-2

中国工商银行　现金支票

02205634
加验密码

10209110
02205634

付款期限自出票之日起十天

出票日期（大写）　　年　　月　　日　　付款行名称：

收款人：　　出票人账号：

人民币（大写）	亿	千	百	十	万	千	百	十	元	角	分

用途＿＿＿＿＿＿＿＿　　密码＿＿＿＿＿＿＿＿

上列款项请从

我账户内支付

出票人签章　　复核　　记账

证账表 1-3

中国工商银行
现金支票存根
10209110
02205634

附加信息＿＿＿＿＿＿＿＿

出票日期　　年　　月　　日

收款人：	
金　额：	
用　途：	

单位主管　　会计

3. 1 日，供销科张华因去外地参加订货会，预借现金 2 000 元作为差旅费。

该项业务要求填写三联式借据，其格式见证账表 1-4。

4. 2 日，从大连商场购买办公用复写纸 80 盒，每盒 14 元，计 1 120 元；订书机 11 个，每个 10 元，计 110 元；墨水 10 瓶，每瓶 3 元，计 30 元；合计 1 260 元。

证账表 1-4

借　　据（记账）

辽财会账证 48 号　（大连市财政局 ★ 检印）

年　月　日

借款单位	※	姓名	※	级别	※	出差地点	※
						天　数	※
事由	※		借款金额（大写）	※		¥______	
部门负责人签章		借款人签章		注意事项	一、有※者由借款人填写 二、凡借用公款必须使用本单 三、第三联为正式借据，由借款人和部门负责人签章 四、出差返回后三日内结算		
单位领导或授权人批示		审核意见					

出纳员开出转账支票付款。

该项业务要求填制银行转账支票，转账支票存根留存作为原始凭证，其格式见证账表 1-5。

证账表 1-5

中国工商银行 转账支票存根 10209130 07000726
附加信息
出票日期　年　月　日
收款人：
金　额：
用　途：
单位主管　　会计

中国工商银行　转账支票　　07000726　加验密码　10209130　07000726

付款期限自出票之日起十天

出票日期（大写）　　年　　月　　日　　付款行名称：

收款人：　　出票人账号：

人民币（大写）	亿	千	百	十	万	千	百	十	元	角	分

用途______　　密码______

上列款项请从　　行号______

我账户内支付

出票人签章　　复核　　记账

5. 2 日，从本溪市某钢厂购入钢材 10 吨，每吨 2 800 元，计 28 000 元，增值税 3 640 元，本日货款由中国工商银行汇给供货单位，钢材入库。

此项业务要求填写银行结算业务委托书、材料入库单，其格式见证账表 1-6、证账表 1-7。

证账表1-6

ICBC 中国工商银行 01550258

业务委托书 APPLICATION FOR MONEY TRANSFER 大B 01550258 委托日期 Date 年 Y 月 M 日 D

业务类型 Type	□现金汇款 Cash Remittance □转账汇款 Transfer Remittance □汇票申请书 D/D □本票申请书 P/D □其他 Others ______			
委托人 Principal 全称 Full Name		收款人 Payee	全称 Full Name	
委托人 Principal 账号或地址 Account No. or Addr.		收款人 Payee	账号或地址 Account No. or Addr.	
委托人 Principal 开户行名称 Account Bank Name		收款人 Payee	开户行名称 Account Bank Name	
汇款方式 Type of Remittance	□普通 Regular □加急 Urgent 加急汇款签字 Signature For Urgent Payment ______		开户银行 Account Bank	省 Province 市 City

币种及金额（大写） Currency and Amount in Words		亿	千	百	十	万	千	百	十	元	角	分

用途 In Payment of		支付密码 S.C.	

委托人确认上列委托信息填写正确，且已完全理解和接受背面“客户须知”的内容。上列款项及相关费用请从委托人账户内支付。
The above information has been confirmed correctly.The notice has been fully understood and accepted.The above remittance and related charges will be drawn from the referent account.

加验密码

委托人签章 Principal Signature and/or Stamp

银行填写 Bank Use	□联动收费 □非联动收费 □不收费	备注： Remarks

受理（扫描）： 审核：

ICBC 中国工商银行

业务委托书 APPLICATION FOR MONEY TRANSFER **回执** ACKNOMLEOREAENI

大B 01550258

委托人全称 Name of Principal	
委托人账号 A/C of Principal	
收款人全称 Name of Payee	
收款人账号 A/C of Payee	
金额 Amount	
委托日期 Date	

此联为银行受理通知书。若委托人申请汇票或本票业务，应凭此联领取汇票或本票。
This paper is the bank acceptance advice. For draft or promissory note application, please return this paper.

证账表 1-7

材料入库单

年 月 日

<table>
<tr><td colspan="2">供货单位</td><td colspan="2"></td><td>附原凭 张</td><td colspan="2">发票号</td><td colspan="2"></td><td colspan="2">年 月 日</td></tr>
<tr><td rowspan="2">货号</td><td rowspan="2">名称</td><td rowspan="2">规格型号</td><td rowspan="2">单 位</td><td colspan="2">数 量</td><td colspan="2">进货价</td><td colspan="2">验收损耗</td></tr>
<tr><td>发票</td><td>实收</td><td>单价</td><td>金额</td><td>数量</td><td>金额</td></tr>
<tr><td></td><td></td><td></td><td></td><td></td><td></td><td></td><td></td><td></td><td></td></tr>
<tr><td></td><td></td><td></td><td></td><td></td><td></td><td></td><td></td><td></td><td></td></tr>
<tr><td></td><td></td><td></td><td></td><td></td><td></td><td></td><td></td><td></td><td></td></tr>
<tr><td colspan="3">注明采购方式</td><td colspan="3">运杂费</td><td colspan="2"></td><td colspan="2">用 途</td></tr>
<tr><td colspan="3"></td><td colspan="3">合 计</td><td colspan="2"></td><td colspan="2"></td></tr>
</table>

三 财会联

仓库负责人： 保管员： 交货人：

6. 3 日，从本市无线电一厂购进电子元件 3 500 件，每件 128 元，计 448 000 元，增值税 58 240 元。本月开出银行承兑汇票一份交收款单位，付款期 3 个月，电子元件入库。

该项业务要求填制银行承兑汇票委托书、材料入库单，其格式见证账表 1-8、证账表 1-9。

7. 4 日，职工李林报销差旅费共付现金 850 元（假定李林未借款）。

该项业务要求填制差旅费报销单，其格式见证账表 1-10。

8. 5 日，零星销售 B 产品 1 件，价款 1 000 元，增值税 130 元，收现金 1 130 元，并将现金送存银行。

该项业务要求填制增值税专用发票、现金存款凭条和商品出库单，其格式见证账表 1-11、证账表 1-12、证账表 1-13。

9. 6 日，从利得公司购进甲材料 2 000 千克，单价 50 元/千克，计 100 000 元，增值税 13 000 元，料到已验收入库，款项未付。

该项业务要求填制材料入库单，其格式见证账表 1-14。

10. 7 日，销售 A 商品 2 000 件，每件 150 元，计 300 000 元，增值税 39 000 元，款未收到。

该项业务要求填制增值税专用发票、商品出库单，其格式见证账表 1-15、证账表 1-16。

11. 7 日，职工李欣报销市内交通费 38 元，付给现金。

该项业务要求填制报销单，其格式见证账表 1-17。

证账表1-8

ICBC 中国工商银行 01550258

业务委托书 APPLICATION FOR MONEY TRANSFER 大B 01550258 委托日期 Date 年 Y 月 M 日 D

业务类型 Type	□现金汇款 Cash Remittance □转账汇款 Transfer Remittance □汇票申请书 D/D □本票申请书 P/D □其他 Others ____			
委托人 Principal 全称 Full Name		收款人 Payee	全称 Full Name	
委托人 Principal 账号或地址 Account No. or Addr.		收款人 Payee	账号或地址 Account No. or Addr.	
委托人 Principal 开户行名称 Account Bank Name		收款人 Payee	开户行名称 Account Bank Name	
汇款方式 Type of Remittance	□普通 Regular □加急 Urgent 加急汇款签字 Signature For Urgent Payment ____		开户银行 Account Bank	省 Province 市 City
币种及金额（大写） Currency and Amount in Words			亿 千 百 十 万 千 百 十 元 角 分	
用途 In Payment of			支付密码 S.C.	

委托人确认上列委托信息填写正确，且已完全理解和接受背面“客户须知”的内容。上列款项及相关费用请从委托人账户内支付。
The above information has been confirmed correctly.The notice has been fully understood and accepted.The above remittance and related charges will be drawn from the referent account.

加验密码

委托人签章 Principal Signature and/or Stamp

银行填写 Bank Use	□联动收费 □非联动收费 □不收费	备注： Remarks

受理（扫描）： 审核：

ICBC 中国工商银行

业务委托书 APPLICATION FOR MONEY TRANSFER 回执 ACKNOMLEOREAENI

大B 01550258

委托人全称 Name of Principal	
委托人账号 A/C of Principal	
收款人全称 Name of Payee	
收款人账号 A/C of Payee	
金额 Amount	
委托日期 Date	

此联为银行受理通知书。若委托人申请汇票或本票业务，应凭此联领取汇票或本票。
This paper is the bank acceptance advice. For draft or promissory note application, please return this paper.

证账表 1-9

材料入库单

年　　月　　日

供货单位			附原凭　　张		发票号			年　月　日	
货号	名称	规格型号	单　位	数　　量		进货价		验收损耗	
				发票	实收	单价	金额	数量	金额
注明采购方式			运杂费					用　途	
			合　计						

三 财会联

仓库负责人：　　　　保管员：　　　　交货人：

证账表 1-10

辽财会账证 50 号　　大连市财政局 ★ 检印

差旅费报销单

单位：　　　　　　　　　　　　　　　　年　　月　　日填

月	日	时间	出发地	月	日	时间	到达地	机票费	车（船）费	卧铺费	夜行车补助		市内交通费		宿　费			出差补助		其他	合计
											小时	金额	实支	包干	标准	实支	提成扣减	天数	金额		
合　计																					

出差任务		报销金额（大写）	人民币：　仟　佰　拾　元　角　分			预借金额	
		领导单位		负责部门人	出差人	报销金额	
						结余或超支	

会计主管人员　　　　记账　　　　审核　　　　附单据　　　　张

证账表 1-11

2102051170　　**大连增值税专用发票**　　№00103520

此联不作报销、扣税凭证使用　　开票日期：

购买方	名　称： 纳税人识别号： 地 址 、电 话： 开户行及账号：				密码区		
货物或应税劳务、服务名称	规格型号	单位	数量	单价	金额	税率	税额
合　计							
价税合计（大写）				（小写）			
销售方	名　称： 纳税人识别号： 地 址 、电 话： 开户行及账号：				备注		

收款人：　　复核：　　开票人：　　销售方：（章）

第一联：记账联　销售方记账凭证

证账表 1-12

ICBC 中国工商银行　现金存款凭条

日期：　　年　　月　　日

存款人	全　称			
	账　号		款项来源	
	开户行		交款人	

金额（大写）	金额（小写）	亿	千	百	十	万	千	百	十	元	角	分

票面	张数	十	万	千	百	十	元	票面	张数	千	百	十	元	角	分	备注
壹佰元								伍　角								
伍拾元								贰　角								
贰拾元								壹　角								
拾　元								伍　分								
伍　元								贰　分								
贰　元								壹　分								
壹　元								其　他								

第二联　客户核对联

证账表 1-13

商品出库单

年　　月　　日

<table>
<tr><td>购货单位</td><td colspan="3"></td><td colspan="2">提货单号</td><td colspan="2">发票号</td><td></td></tr>
<tr><td rowspan="2">货号</td><td rowspan="2">名称</td><td rowspan="2">规格型号</td><td rowspan="2">单位</td><td colspan="2">数　量</td><td colspan="2">进货成本</td><td rowspan="2">提货方式</td></tr>
<tr><td>发票</td><td>实付</td><td>单价</td><td>金额</td></tr>
<tr><td></td><td></td><td></td><td></td><td></td><td></td><td></td><td></td><td></td></tr>
<tr><td></td><td></td><td></td><td></td><td></td><td></td><td></td><td></td><td></td></tr>
<tr><td></td><td></td><td></td><td></td><td></td><td></td><td></td><td></td><td></td></tr>
<tr><td></td><td></td><td></td><td></td><td></td><td></td><td></td><td></td><td></td></tr>
<tr><td></td><td></td><td></td><td></td><td></td><td></td><td></td><td></td><td></td></tr>
<tr><td colspan="2">备　注</td><td colspan="7"></td></tr>
</table>

三　财会联

仓库负责人：　　　　保管员：　　　　提货人：

证账表 1-14

材料入库单

年　　月　　日

<table>
<tr><td>供货单位</td><td colspan="2"></td><td colspan="2">附原凭　　张</td><td>发票号</td><td colspan="2"></td><td colspan="2">年　月　日</td></tr>
<tr><td rowspan="2">货号</td><td rowspan="2">名称</td><td rowspan="2">规格型号</td><td rowspan="2">单　位</td><td colspan="2">数　量</td><td colspan="2">进货价</td><td colspan="2">验收损耗</td></tr>
<tr><td>发票</td><td>实收</td><td>单价</td><td>金额</td><td>数量</td><td>金额</td></tr>
<tr><td></td><td></td><td></td><td></td><td></td><td></td><td></td><td></td><td></td><td></td></tr>
<tr><td></td><td></td><td></td><td></td><td></td><td></td><td></td><td></td><td></td><td></td></tr>
<tr><td></td><td></td><td></td><td></td><td></td><td></td><td></td><td></td><td></td><td></td></tr>
<tr><td></td><td></td><td></td><td></td><td></td><td></td><td></td><td></td><td></td><td></td></tr>
<tr><td></td><td></td><td></td><td></td><td></td><td></td><td></td><td></td><td></td><td></td></tr>
<tr><td colspan="4">注明采购方式</td><td colspan="3">运杂费</td><td colspan="1"></td><td colspan="2">用　途</td></tr>
<tr><td colspan="4"></td><td colspan="3">合　计</td><td colspan="1"></td><td colspan="2"></td></tr>
</table>

三　财会联

仓库负责人：　　　　保管员：　　　　交货人：

证账表 1-15

2102051170　　**大连增值税专用发票**　　№00103639

此联不作报销、扣税凭证使用　　开票日期：

<table>
<tr><td rowspan="4">购买方</td><td colspan="5">名　　称：</td><td rowspan="4">密码区</td><td colspan="3" rowspan="4"></td></tr>
<tr><td colspan="5">纳税人识别号：</td></tr>
<tr><td colspan="5">地 址 、电 话：</td></tr>
<tr><td colspan="5">开户行及账号：</td></tr>
<tr><td colspan="2">货物或应税劳务、服务名称

合　计</td><td>规格型号</td><td>单位</td><td>数量</td><td colspan="2">单价</td><td>金额</td><td>税率</td><td>税额</td></tr>
<tr><td colspan="2">价税合计（大写）</td><td colspan="8">（小写）</td></tr>
<tr><td rowspan="4">销售方</td><td colspan="5">名　　称：</td><td rowspan="4">备注</td><td colspan="3" rowspan="4"></td></tr>
<tr><td colspan="5">纳税人识别号：</td></tr>
<tr><td colspan="5">地 址 、电 话：</td></tr>
<tr><td colspan="5">开户行及账号：</td></tr>
</table>

收款人：　　复核：　　开票人：　　销售方：（章）

第一联：记账联　销售方记账凭证

证账表 1-16

商品出库单

年　月　日

<table>
<tr><td>购货单位</td><td colspan="3"></td><td colspan="2">提货单号</td><td colspan="2">发票号</td><td></td></tr>
<tr><td rowspan="2">货号</td><td rowspan="2">名称</td><td rowspan="2">规格型号</td><td rowspan="2">单位</td><td colspan="2">数　量</td><td colspan="2">进货成本</td><td rowspan="2">提货方式</td></tr>
<tr><td>发票</td><td>实付</td><td>单价</td><td>金额</td></tr>
<tr><td></td><td></td><td></td><td></td><td></td><td></td><td></td><td></td><td></td></tr>
<tr><td></td><td></td><td></td><td></td><td></td><td></td><td></td><td></td><td></td></tr>
<tr><td></td><td></td><td></td><td></td><td></td><td></td><td></td><td></td><td></td></tr>
<tr><td></td><td></td><td></td><td></td><td></td><td></td><td></td><td></td><td></td></tr>
<tr><td></td><td></td><td></td><td></td><td></td><td></td><td></td><td></td><td></td></tr>
<tr><td colspan="2">备　注</td><td colspan="7"></td></tr>
</table>

仓库负责人：　　保管员：　　提货人：

三　财会联

证账表 1–17

部门________________

市内车票报销单

姓名________________　　　　　　年　　月　　日

月	日	办公内容	乘车路线	车票金额									合计	
													张数	金额
合计			大写：　拾　元　角　分											

会计审核：　　　　　　主管部门负责人：　　　　　　领款人：

12. 8 日，生产车间领用甲材料 500 千克，单位成本 50 元，计 25 000 元；丙材料 2 吨，每吨 3 500 元，计 7 000 元。

该项业务要求填制领料单，其格式见证账表 1–18。

证账表 1–18

领　料　单

领用部门：

成本项目：

材料编号	材料名称及规格	计量单位	数量		金额		备注
			请领	实领	单价	金额	

领料单位负责人：　　　　领料人：　　　　发料人：　　　　制单：

13. 9 日，开出支票偿还欠款 11 200 元。

该项业务应填制转账支票，其格式见证账表 1–19。

证账表 1–19

中国工商银行 转账支票存根 10209130 07000727	中国工商银行　转账支票　07000727 加验密码　10209130 07000727
附加信息	出票日期（大写）　年　月　日　付款行名称：
	收款人：　出票人账号：
	人民币（大写）　亿 千 百 十 万 千 百 十 元 角 分
出票日期　年　月　日	付款期限自出票之日起十天
收款人：	用途　密码
金　额：	上列款项请从　行号
用　途：	我账户内支付
单位主管　会计	出票人签章　复核　记账

14. 10 日，张华开会回来，报销差旅费。借款余额 800 元，交回现金。

该项业务要求填制差旅费报销单，其格式见证账表 1–20。

证账表 1–20

辽财会账证 50 号　（大连市财政局 ★ 检印）

差旅费报销单

单位：　年　月　日填

月	日	时间	出发地	月	日	时间	到达地	机票费	车（船）费	卧铺费	夜行车补助		市内交通费		宿费			出差补助		其他	合计
											小时	金额	实支	包干	标准	实支	提成扣减	天数	金额		
合计																					

出差任务		报销金额（大写）　人民币：　仟　佰　拾　元　角　分	预借金额	
		单位领导　部门负责人　出差人	报销金额	
			结余或超支	

会计主管人员　记账　审核　附单据　张

15. 10 日，通过银行支付本年度财产保险费 12 000 元，增值税 720 元。

该项业务要求填制转账支票，存根留作记账原始凭证，其格式见证账表 1–21、证账表 1–22。

证账表 1-21

中国工商银行 转账支票存根 10209130 07000728	中国工商银行 转账支票　07000728　加验密码　10209130 07000728
附加信息	出票日期（大写）　年　月　日　付款行名称：
	付款期限自出票之日起十天　收款人：　出票人账号：
出票日期　年　月　日	人民币（大写）　亿 千 百 十 万 千 百 十 元 角 分
收款人：	用途　密码
金　额：	上列款项请从　行号
用　途：	我账户内支付
单位主管　会计	出票人签章　复核　记账

证账表 1-22

1210200310　大连增值税专用发票　№00103322

发　票　联　开票日期：　年　月　日

购买方	名　称： 纳税人识别号： 地 址 、电 话： 开户行及账号：					密码区	（略）	
货物或应税劳务、服务名称	规格型号	单位	数量	单价	金额	税率	税额	
合　计								
价税合计（大写）					（小写）			
销售方	名　称： 纳税人识别号： 地 址 、电 话： 开户行及账号：					备注		

收款人：　复核：　开票人：　销售方：（章）

第三联：发票联　购买方记账凭证

16. 10 日，开出支票购入一台设备，买价 172 800 元，增值税 22 464 元，设备投入使用。

该项业务要求填制转账支票、固定资产验收单，其格式见证账表 1-23、证账表 1-24。

17. 10 日，开出支票支付招待客户餐费 1 460 元，增值税 87. 6 元。

该项业务要求填制转账支票，其格式见证账表 1-25（A）和证账表 1-25（B）。

证账表 1-23

中国工商银行 转账支票存根 10209130 07001729	中国工商银行　转账支票　07001729　加验密码　10209130　07001729
附加信息	出票日期（大写）　年　月　日　付款行名称：
	收款人：　出票人账号：
	人民币（大写）　亿 千 百 十 万 千 百 十 元 角 分
出票日期　年　月　日	用途　密码
收款人：	上列款项请从　行号
金　额：	我账户内支付
用　途：	出票人签章　复核　记账
单位主管　会计	付款期限自出票之日起十天

证账表 1-24

固定资产验收单

年　月　日　编号：

名　称	规格型号	来　源	数　量	购（造）价	使用年限	预计残值
运杂费	总造价	建造单位	交工日期		附　件	
验收部门		验收人员		管理部门		管理人员
备　注						

证账表 1-25（A）

中国工商银行 转账支票存根 10209130 07000730	中国工商银行　转账支票　07000730　加验密码　10209130　07000730
附加信息	出票日期（大写）　年　月　日　付款行名称：
	收款人：　出票人账号：
	人民币（大写）　亿 千 百 十 万 千 百 十 元 角 分
出票日期　年　月　日	用途　密码
收款人：	上列款项请从　行号
金　额：	我账户内支付
用　途：	出票人签章　复核　记账
单位主管　会计	付款期限自出票之日起十天

证账表 1-25（B）

1210200361　　大连增值税专用发票　　№00103422

发　票　联　　　开票日期：　　年　月　日

<table>
<tr><td rowspan="4">购买方</td><td colspan="6">名　　称：</td><td rowspan="4">密码区</td><td colspan="2" rowspan="4">（略）</td></tr>
<tr><td colspan="6">纳税人识别号：</td></tr>
<tr><td colspan="6">地 址 、电 话：</td></tr>
<tr><td colspan="6">开户行及账号：</td></tr>
<tr><td colspan="2">货物或应税劳务、服务名称</td><td>规格型号</td><td>单位</td><td>数量</td><td>单价</td><td colspan="2">金额</td><td>税率</td><td>税额</td></tr>
<tr><td colspan="2">合　计</td><td></td><td></td><td></td><td></td><td colspan="2"></td><td></td><td></td></tr>
<tr><td colspan="2">价税合计（大写）</td><td colspan="8">（小写）</td></tr>
<tr><td rowspan="4">销售方</td><td colspan="6">名　　称：</td><td rowspan="4">备注</td><td colspan="2" rowspan="4"></td></tr>
<tr><td colspan="6">纳税人识别号：</td></tr>
<tr><td colspan="6">地 址 、电 话：</td></tr>
<tr><td colspan="6">开户行及账号</td></tr>
</table>

收款人：　　　复核：　　　开票人：　　　销售方：（章）

第三联：发票联　购买方记账凭证

〔实训要求〕

一、严格执行规范

实际操作者应进入“实战状态”，严格按有关规定填制原始凭证，做到手续完备、内容完整、书写清楚。

二、要正确选用原始凭证

经办人员在填制原始凭证时，首先要对经济业务的内容进行全面审核，审核无误后才能动手填制原始凭证，并要根据经济业务的性质填制相应种类的凭证。原始凭证要采用本部门、行业、企业、地区或全国统一规定的标准格式，不得自行设计、编造凭证样式。

三、凭证填制项目要齐全，手续要合法

1. 原始凭证的内容必须具备：凭证的名称；填制凭证的日期；填制凭证单位名称或填制人姓名；经办人员的签名或盖章；接受凭证单位名称；经济业务内容、数量、单价和金额。对于单位自制凭证上所列的辅助内容（如限额数字、计划数字等）也必须填列。

2. 从外单位取得的原始凭证，必须盖有填制单位的公章；从个人处取得的原始凭证，必须有经办单位负责人或其指定人员的签名或盖章；对外开出的原始凭证，必须加盖本单位财务印章。

3. 凡填有大写和小写金额的原始凭证，大写与小写金额必须相符。购买实物的原始凭证，必须附有验收证明。支付款项的原始凭证，必须有收款单位或个人的收款证明。

4. 一式多联的原始凭证应当注明各联的用途，只能以一联作为报销凭证。一式多联的发票和收据，必须内容一致，并连续编号。作废时应加盖“作废”戳记，连同存根一起保存，不得撕毁。

5. 发生销货退回时，除填制退货发票外，退款时还必须取得对方的收款收据或汇款银行的凭证，不得以退货发票代替收据。

6. 职工公出借款收据必须附在记账凭证上，收回借款时，应另开收据或退还借据副本，不得退还原借款收据。

7. 须经过上级批准的经济业务，应将批准文件作为原始凭证附件。如果批准文件需要单独归档，应在凭证上注明批准机关名称、日期和文件字号。

8. 有关分配率等内容的计算，均保留小数点后两位，第三位四舍五入。

四、书写要符合规定

1. 凭证填制有误，应按规定方法更正或作废，任何凭证不得污染、抹擦、刀刮和挖补。

2. 会计数字字迹要清晰，位置要适当，字体要标准。

3. 一式多联的原始凭证必须保证各联内容一致，并且能辨认。

〔实训步骤〕

一、熟悉经济业务

在填制原始凭证之前，熟悉每笔经济业务，对经济业务的性质、发生的条件和原因、制度规定等情况有所了解，判断应选用凭证的种类、格式，明确填制要求。

二、填制原始凭证

在熟悉经济业务的基础上，按照上述实训要求，逐笔填制每项经济业务所涉及的原始凭证。

三、检查原始凭证

对填制完毕的原始凭证，要逐笔检查业务手续是否健全，填制是否符合规定要求。

〔实训思考〕

一、经济业务发生后为什么要填制原始凭证？
二、填制原始凭证的具体要求有哪些？
三、填制原始凭证要注意哪些问题？
四、有的原始凭证为什么采用一式多联？
五、原始凭证为什么强调有关人员要签字盖章？
六、为什么要按标准字体书写会计数码？
七、原始凭证为什么要求大小写金额相等？

〔实训提示〕

一、签发现金支票和转账支票时要注意：支票上的所有项目都要填全，不得有遗漏；出票日期要大写；大写金额要顶头，小写金额前要封死；收款人要填全称；背书要在指定的位置盖印，不可超出边缘；支票的所有项目都不得涂改；支票存根也要填写完整，并由领用人在收款人一栏签字。

二、填写银行进账单时要注意出票人和收款人要填全称，不能简写；出票人和收款人名称和账号不要填反；大写金额要顶头，小写金额要封死；大小写金额要一致；在进账单的第一联应加盖单位财务预留印鉴。

三、填制增值税专用发票时，发票上的各项目均不能空白。

/实训二　审核原始凭证

一切原始凭证在填制完成之后，应由会计主管或指定的审核人员进行审核，以保证原始凭证的合理性、合法性和真实性，这是会计监督的重要环节之一。

〔实训目的〕

通过审核原始凭证，掌握审核原始凭证的要求与方法，熟悉审核原始凭证的一般要求及某些特殊规定，提高判断、鉴别原始凭证真实性、合法性、合理性的水平。

〔实训资料〕

对大连新世纪股份有限公司 2021 年 6 月 11—20 日有关业务的原始凭证进行审核：

18. 11 日，销售给哈尔滨市某无线电厂 B 产品 700 件，每件 100 元，计70 000 元，增值税 9 100 元。当日收到该厂采购员交来银行业务委托书一张。

该项业务要求填制、审核增值税发票、商品出库单，审核银行业务委托书，其格式见证账表 1-26、证账表 1-27、证账表 1-28。

19. 11 日，从本市鑫源物资公司购入乙材料一批，共 5 000 千克，单价 28 元，计 140 000 元，增值税 18 200 元，开出转账支票付款，收到发票一张。另用现金支付运费 2 500 元，增值税 225 元。材料未到。

该项业务要求审核增值税专用发票和运费报销章，其格式见证账表 1-29、证账表 1-30。

20. 12 日，开出现金支票一张，从银行提取现金 4 000 元备用。

该项业务要求填制、审核现金支票，其格式见证账表 1-31。

21. 12 日，销售给大连福玛商城 A 产品 10 件，单价 18 000 元，价款合计 180 000元，增值税税率 13%，已办好银行委托收款手续。

此项业务应审核销货发票和委托收款结算凭证，其格式见证账表 1-32、证账表 1-33。

22. 13 日，职工王芳报销差旅费，交来报销单据一张，金额 520 元，付给现金。

该项业务应审核差旅费报销单，其格式见证账表 1-34。

证账表 1–26

2102051260　　**大连增值税专用发票**　　№00103760

此联不作报销、扣税凭证使用　开票日期：2021 年 6 月 11 日

购买方	名　称：哈尔滨市某无线电厂 纳税人识别号： 地 址 、电 话：　（略） 开户行及账号：					密码区	（略）	
货物或应税劳务、服务名称	规格型号	单位	数量	单价	金额	税率	税额	
B 产品	ZH–6	件	700	100. 00	70 000. 00	13%	9 100. 00	
合　计					¥70 000. 00		¥9 100. 00	
价税合计（大写）	⊗柒万玖仟壹佰元整					（小写）¥79 100. 00		
销售方	名　称：大连新世纪股份有限公司 纳税人识别号：91210204978027086E 地 址 、电 话：大连市京连路 158 号　0411–81930847 开户行及账号：中国工商银行大连分行京连路分理处 6222210058615348001					备注	（略）	

收款人：王艳　　复核：　　开票人：赵一　　销售方：（章）

第一联：记账联　销售方记账凭证

证账表 1–27

商 品 出 库 单

2021 年 6 月 11 日

购货单位	哈尔滨市某无线电厂		提货单号	34520		发票号		
货号	名称	型号规格	单位	数量		进货成本		提货方式
				发票	实付	单价	金额	
001112	B 产品	ZH–6	件	700	700	100	70 000	自提
备　注								

仓库负责人：　　保管：王林　　提货人：

三　财会联

证账表 1-28

中国工商银行 INDUSTRIAL AND COMMERCIAL BANK OF CHINA

业务委托书（记账凭证） APPLICATION FOR MONEY TRANSFER

日期 Date 2021 年 Y 6 月 M 10 日 D　　辽 A 00030776

业务类型 Type	□电汇 T/T　□信汇 M/T　□汇票申请书 D/D　□本票申请书 Promissory Note 其他 Others				
汇款人 Applicant	全称 Full Name	哈尔滨市某无线电厂	收款人 Payee	全称 Full Name	大连新世纪股份有限公司
	账号或地址 A/C No. or Address	（略）		账号或地址 A/C No. or Address	6222210058615348001
	开户银行 A/C Bank	招商银行哈尔滨分行动力支行		开户银行 A/C Bank	中国工商银行大连分行京连路分理处
金额（大写） Amount in Words	柒万玖仟壹佰元整				亿 千 百 十 万 千 百 十 元 角 分 ¥ 7 9 1 0 0 0 0
密码 S. C.		加急汇款签字 Signature For Express Payment		上列款项及相关费用请从我账户内支付。The above remittance and related charges are to be drawn on my account. 客户签章 Applicant Signature and/or Stamp:	
用途 In Payment of					
备注 Remarks					

事后监督：　　会计主管：　　复核：　　记账：

第一联 记账联

证账表 1-29

2109951170　　**大连增值税专用发票**　　№00106639

发 票 联　　开票日期：2021 年 6 月 11 日

购买方	名称：大连新世纪股份有限公司 纳税人识别号：91210204978027086E 地址、电话：大连市京连路 158 号 0411-81930847 开户行及账号：中国工商银行大连分行京连路分理处 6222210058615348001				密码区	（略）	
货物或应税劳务、服务名称	规格型号	单位	数量	单价	金额	税率	税额
乙材料	YL	千克	5 000	28.00	140 000.00	13%	18 200.00
合计					¥140 000.00		¥18 200.00
价税合计（大写）	⊗壹拾伍万捌仟贰佰元整				（小写）¥158 200.00		
销售方	名称：大连鑫源物资公司 纳税人识别号： 地址、电话：（略） 开户行及账号：				备注	支：7631	

收款人：白梅　　复核：　　开票人：刘岩　　销售方：（章）

第三联：发票联 购买方记账凭证

证账表 1-30

1210204310061　大连增值税专用发票　№00113322

发　票　联　开票日期：2021 年 6 月 11 日

购买方	名　称：大连新世纪股份有限公司 纳税人识别号：91210204978027086E 地 址 、电 话：大连市京连路 158 号　0411-81930847 开户行及账号：中国工商银行大连分行京连路分理处 6222210058615348001				密码区	（略）	
货物或应税劳务、服务名称	规格型号	单位	数量	单价	金额	税率	税额
运输			5 000	0. 50	2 500. 00	9%	225. 00
合　计					¥2 500. 00		¥225. 00
价税合计（大写）	⊗贰仟柒佰贰拾伍元整					（小写）	¥2 725. 00
销售方	名　称：大连鑫源物资公司 纳税人识别号： 地 址 、电 话：　（略） 开户行及账号：				备注		

收款人：　复核：　开票人：　销售方：（章）

第三联：发票联　购买方记账凭证

证账表 1-31

中国工商银行现金支票存根

10209110

02215634

附加信息

出票日期 2021 年 6 月 12 日

收款人：大连新世纪股份有限公司

金　额：¥4 000. 00

用　途：备用金

单位主管 孙丽　会计 王艳

中国工商银行　现金支票　02215634 加验密码　10209110　02215634

出票日期（大写）贰零贰壹年零陆月壹拾贰日　付款行名称：工行大连分行京连路分理处

收款人：大连新世纪股份有限公司　出票人账号：6222210058615348001

人民币（大写）	亿	千	百	十	万	千	百	十	元	角	分
肆仟元整					¥	4	0	0	0	0	0

付款期限自出票之日起十天

用途 备用金　密码

上列款项请从

我账户内支付

出票人签章　复核　记账

证账表 1-32

5602051170 大连增值税专用发票 №00103539

此联不作报销、扣税凭证使用 开票日期：2021 年 6 月 12 日

购买方	名 称：大连福玛商城 纳税人识别号： 地 址 、电 话： （略） 开户行及账号：					密码区	（略）
货物或应税劳务、服务名称	规格型号	单位	数量	单价	金额	税率	税额
A 产品	X-2	件	10	18 000.00	180 000.00	13%	23 400.00
合 计					¥180 000.00		¥23 400.00
价税合计（大写）	⊗贰拾万叁仟肆佰元整				（小写） ¥203 400.00		
销售方	名 称：大连新世纪股份有限公司 纳税人识别号：91210204978027086E 地 址 、电 话：大连市京连路 158 号 0411-81930847 开户行及账号：中国工商银行大连分行京连路分理处 6222210058615348001					备注	

收款人：王艳 复核： 开票人：赵一 销售方：（章）

第一联：记账联 销售方记账凭证

23. 14 日，11 日自大连鑫源物资公司购入的乙材料到货，经验收入库。

该项业务要求审核材料入库单，其格式见证账表 1-35。

24. 15 日，车间从仓库领用甲材料 1 000 千克，单位成本 50 元，计 50 000 元；乙材料 500 千克，单位成本 28.50 元，计 14 250 元。

该项业务要求审核材料出库单，其格式见证账表 1-36。

25. 16 日，职工李丹报销差旅费 508.80 元（含增值税 28.80 元），交来住宿费发票一张。

该项业务要求审核住宿费发票，其格式见证账表 1-37。

26. 18 日，办公室赵斌出差借现金 3 000 元，填写的借款单经领导批准后，财务人员付给现金。

该项业务要求审核借款单，其格式见证账表 1-38。

27. 20 日，从大连天富商场购买办公用品打印纸 20 包，每包 15 元，价款为 300 元，增值税为 39 元，经手人孙军交来发票一张。

该项业务要求审核发票，其格式见证账表 1-39。

证账表 1-33

ICBC 中国工商银行 托收凭证（受理回单） 1

委托日期 2021 年 6 月 12 日

业务类型	委托收款（□邮划、□电划）			托收承付（□邮划、□电划）			
付款人	全称	大连福玛商城		收款人	全称	大连新世纪股份有限公司	
	账号	（略）			账号	6222210058615348001	
	地址	辽宁省大连 市/县	开户行（略）		地址	辽宁省大连 市/县	开户行 中国工商银行大连分行京连路分理处
金额	人民币（大写）	贰拾万叁仟肆佰元整				亿千百十万千百十元角分	¥20340000
款项内容		托收凭据名称		附寄单证张数			
商品发运情况				合同名称号码			
备注： 复核 记账		款项收妥日期 年 月 日		收款人开户银行签章 年 月 日			

此联作收款人开户银行给收款人的受理回单

证账表 1-34

辽财会账证 50 号

（大连市财政局 检印）

差旅费报销单

单位：　　　　2021 年 6 月 13 日填

月	日	时间	出发地	月	日	时间	到达地	机票费	车（船）费	卧铺费	夜行车补助		市内交通费		宿费			出差补助		其他	合计
											小时	金额	实支	包干	标准	实支	提成扣减	天数	金额		
6	11						沈阳									520					520
合计																					520

出差任务	会议	报销金额（大写）	人民币：零仟伍佰贰拾零元零角零分			预借金额	
		单位领导	部门负责人	出差人	王芳	报销金额	
						结余或超支	

会计主管人员　　记账　　审核　　附单据　　张

证账表 1-35

材料入库单

2021 年 6 月 14 日

供货单位	大连鑫源物资公司		附原凭　张		发票号			2021 年 6 月 14 日	
货号	名称	规格型号	单位	数量		进货价		验收损耗	
				发票	实收	单价	金额	数量	金额
	乙材料	YL	千克	5 000	5 000	28	140 000		
注明采购方式			运杂费			¥2 500		用　途	
			合　计			¥142 500			

三 财会联

仓库负责人：　　保管员：王林　　交货人：

证账表 1-36

材料（　　）出库单　№0002351

领料部门 车间　类别　编号　2021 年 6 月 15 日

料　号	品　名	规　格	单位	数量		单价	金　额
				请　领	实　发		
	甲材料		千克	1 000	1 000	50. 00	5000000
	乙材料		千克	500	500	28. 50	1425000
							¥6425000
用　途	产品生产						

供应负责人	李东	仓库保管员	王林	领料部门负责人		领料人	张晶

③ 会计核算

证账表 1-37

2210105759　　辽宁增值税专用发票　　№50016394

发　票　联　　开票日期：2021 年 6 月 16 日

购买方	名　　称：大连新世纪股份有限公司 纳税人识别号：91210204978027086E 地 址 、电 话：大连市京连路 158 号　0411-81930847 开户行及账号：中国工商银行大连分行京连路分理处 6222210058615348001	密码区	（略）

货物或应税劳务、服务名称	规格型号	单位	数量	单价	金额	税率	税额
住宿			1	480. 00	480. 00	6%	28. 80
合　计					¥480. 00		¥28. 80
价税合计（大写）	⊗伍佰零捌元捌角					（小写）	¥508. 80

销售方	名　　称：沈阳高登大酒店 纳税人识别号： 地 址 、电 话：　　（略） 开户行及账号：	备注	

收款人：刘琳　　复核：　　开票人：　　销售方：（章）

第三联：发票联　购买方记账凭证

证账表 1-38

借　　据（记账）

辽财会账证 48 号

大连市财政局 ★ 检印

年　月　日

借款单位	※办公室	姓名	※赵斌	级别	※	出差地点	※
						天　数	※
事由	※开订货会	借款金额（大写）	※叁仟元整　¥3 000. 00				
部门负责人签章		借款人签章		注意事项	一、有※者由借款人填写 二、凡借用公款必须使用本单 三、第三联为正式借据，由借款人和部门负责人签章 四、出差返回后三日内结算		
单位领导或授权人批示		审核意见					

证账表 1-39

121020521041　　大连增值税专用发票　　№01883292

发　票　联　　开票日期：2021 年 6 月 20 日

购买方	名　　称：大连新世纪股份有限公司 纳税人识别号：91210204978027086E 地 址 、电 话：大连市京连路 158 号　0411-81930847 开户行及账号：中国工商银行大连分行京连路分理处 6222210058615348001				密码区	（略）	
货物或应税劳务、服务名称	规格型号	单位	数量	单价	金额	税率	税额
打印纸		包	20	15.00	300.00	13%	39.00
合　计					¥300.00		¥39.00
价税合计（大写）	⊗叁佰叁拾玖元整				（小写）	¥339.00	
销售方	名　　称： 纳税人识别号： 地 址 、电 话：　（略） 开户行及账号：				备注		

收款人：　　复核：　　开票人：　　销售方：（章）

第三联：发票联　购买方记账凭证

〔实训要求〕

一、要全面审核原始凭证，包括审核原始凭证的真实性、合法性和合理性。

二、操作者要熟悉各种经济业务的有关政策、法规、制度、计划、合同、银行结算办法等相关规定，全面了解本单位业务经营情况，并以此作为审核原始凭证内容的主要依据。

三、熟悉各类原始凭证应填制的内容、填制的规定，以审核原始凭证手续是否完备、是否合规。

四、指出审核过程中所发现的问题。

〔实训步骤〕

一、熟悉经济业务。在审核原始凭证之前，要熟悉经济业务的内容及与之有关的制度、法规、计划、预算等内容。

二、根据有关规定，对每张原始凭证的真实性、合法性、合理性进行审核。

三、对审核后的原始凭证进行处理。对于符合要求的原始凭证，应按规定及时办理会计手续；对于内容真实但记载不正确、不完整、不符合规定的原始凭证应退回，待更正后予以办理。

〔实训思考〕

一、对原始凭证必须进行审核的意义是什么？

二、怎样填制原始凭证才算正确？

三、对原始凭证要审核哪些内容？

四、审核原始凭证有哪些方法？

五、审核原始凭证的依据有哪些？

六、哪些原始凭证应退回补填更正？

七、哪些原始凭证应拒绝接受办理会计手续？

八、审核无误的原始凭证应怎样处理？

〔实训提示〕

一、审核增值税发票时销货方应注意发票主要项目要填写完整，特别是购买方和销售方名称、纳税人识别号、地址、电话、开户行及账号不能漏填或错填；税额和价税合计栏计算要正确；金额栏大小写要一致。购买方则应在上述要求的基础上，审核发票是否为税务局统一格式；发票上销售方的财务印鉴是否清晰可辨；取得的发票是否为抵扣税款联和发票联。

二、审核银行承兑汇票应注意出票人和收款人全称、账号、开户行填列是否正确完整；票面金额是否正确；大小写是否一致；汇票出票日期及到期日是否正确。

三、材料出库单、入库单应注意审核主要项目是否填列完整、正确，如货物名称、规格、计量单位、数量、价格等。还要注意是否有仓库负责人、经手的保管员和提货单位人员签字。

四、费用报销的原始凭证多自企业外部获得，审核时首先应注意其真实性和合法性，即发票收据是否为税务部门或财政部门统一印制（带税务局监制印章或财政局监制印章）；其次要审核发票或收据名头、金额大小写是否正确，是否有经手人和审批人的签字；最后要特别注意的是，收据发票所有项目均不得涂改。

五、审核单位内部生成的原始凭证时应注意其相关项目是否填列完整，本单位具有财务审批权的领导是否签字，经手人是否签字。

/实训三　编制记账凭证

记账凭证是由会计人员对审核无误的原始凭证或汇总原始凭证，按其经济业务的内容加以归类整理，作为登记账簿依据的会计凭证。按反映的内容不同，记账凭证分为收款凭证、付款凭证和转账凭证。

〔实训目的〕

通过编制记账凭证，掌握根据原始凭证编制各种记账凭证的方法。熟悉凭证格式及每一种记账凭证的编制方法，提高操作者对经济业务的会计处理能力。

〔实训资料〕

一、根据实训一填制的原始凭证，编制会计记账凭证

二、大连新世纪股份有限公司使用的会计科目可从证账表 1-40 中选取

证账表 1-40

会计科目表

编　号	会计科目	编　号	会计科目
一、资产类科目		2201	应付票据
1001	库存现金	2202	应付账款
1002	银行存款	2203	预收账款
1012	其他货币资金	2211	应付职工薪酬
1101	交易性金融资产	2221	应交税费
1121	应收票据	2231	应付利息
1122	应收账款	2232	应付股利
1123	预付账款	2241	其他应付款
1131	应收股利	2501	长期借款
1132	应收利息	2502	应付债券
1221	其他应收款	2701	长期应付款
1231	坏账准备	2702	未确认融资费用
1401	材料采购	2801	预计负债
1402	在途物资	三、所有者权益类	

续表

编　号	会计科目	编　号	会计科目
1403	原材料	4001	实收资本
1404	材料成本差异	4002	资本公积
1405	库存商品	4101	盈余公积
1408	委托加工物资	4103	本年利润
1411	周转材料	4104	利润分配
1471	存货跌价准备	四、成本类	
1501	债权投资	5001	生产成本
1502	债权投资减值准备	5101	制造费用
1503	其他债权投资	5201	劳务成本
1504	其他权益工具投资	五、损益类	
1511	长期股权投资	6001	主营业务收入
1512	长期股权投资减值准备	6011	利息收入
1531	长期应收款	6051	其他业务收入
1601	固定资产	6101	公允价值变动损益
1602	累计折旧	6111	投资收益
1603	固定资产减值准备	6301	营业外收入
1604	在建工程	6401	主营业务成本
1606	固定资产清理	6402	其他业务成本
1701	无形资产	6403	税金及附加
1703	无形资产减值准备	6601	销售费用
1801	长期待摊费用	6602	管理费用
1811	递延所得税资产	6603	财务费用
1901	待处理财产损溢	6701	资产减值损失
二、负债类		6711	营业外支出
2001	短期借款	6801	所得税费用
2101	交易性金融负债	6901	以前年度损益调整

三、记账凭证的格式

借贷复式记账凭证可以采用一种通用格式，也可以采用专用记账凭证（即收款凭证、付款凭证、转账凭证），或采用其他格式。常用的通用记账凭证、收款凭证、付款凭证和转账凭证的格式见证账表 1-41、证账表 1-42、证账表 1-43 和证账表 1-44。

证账表 1-41

通 用 凭 证

出纳编号____

年　月　日

凭证编号____

摘　要	结算方式	票号	借方科目		贷方科目		金　额											记账符号
			总账科目	明细科目	总账科目	明细科目	亿	千	百	十	万	千	百	十	元	角	分	
附单据　张			合　计															

会计主管人员　记账　稽核　制单　出纳　交领款人

证账表 1-42

收 款 凭 证

凭证编号____　出纳编号____

年　月　日

借方科目	

摘　要	结算方式	票　号	贷方科目		金　额											记账符号
			总账科目	明细科目	亿	千	百	十	万	千	百	十	元	角	分	
附单据　张			合　计													

会计主管人员　记账　稽核　制单　出纳　交款人

证账表 1-43

付款凭证

凭证编号____　出纳编号____

年　月　日

贷方科目	

摘要	结算方式	票号	借方科目		金额											记账符号
			总账科目	明细科目	亿	千	百	十	万	千	百	十	元	角	分	
附单据　张			合计													

会计主管人员　记账　稽核　制单　出纳　领款人

证账表 1-44

转账凭证

年　月　日

凭证编号____

摘要	借方科目		贷方科目		金额											记账符号
	总账科目	明细科目	总账科目	明细科目	亿	千	百	十	万	千	百	十	元	角	分	
附单据　张	合计															

会计主管人员　记账　稽核　制单

〔实训要求〕

一、实训操作者应进入“实战”状态，严格按照有关规定编制记账凭证，做

到内容完整、项目齐全、书写清楚

二、要正确选用记账凭证

操作者首先要对原始凭证进行全面的审核，经审核无误的原始凭证才能据以编制记账凭证。同时，如果本单位采用专用记账凭证格式，操作者应根据引起货币资金增减变动的经济业务的原始凭证，编制有关库存现金、银行存款或专项存款科目的收款凭证和付款凭证；根据转账业务的原始凭证，编制转账凭证。

三、编制的记账凭证项目要齐全，手续要完备

1. 记账凭证内容必须具备：填制凭证日期；凭证编号；经济业务内容摘要；记账符号；会计科目；金额；所附原始凭证张数；填制凭证人员、稽核人员、记账人员及会计主管人员的签名或盖章。收付款的记账凭证还应由出纳人员签名或盖章。

2. 发生库存现金与银行存款之间相互划转的收付款业务时，一律要编制付款凭证。

3. 记账凭证可以根据每一张原始凭证填制，或者根据若干张同类原始凭证汇总填制，也可以根据原始凭证汇总表填制。

4. 记账凭证必须附有原始凭证。如果一张原始凭证涉及几张记账凭证，可把原始凭证附在一张主要的记账凭证后面，在其他记账凭证上注明附有原始凭证的记账凭证的编号。如果一张原始凭证所列支出金额需要几个单位共同负担，应将其他单位负担的部分开给对方原始凭证分割单以进行结算。

结账、账项调整和更正错误的记账凭证，可以不附原始凭证。

四、书写要符合规定

1. 已经登记入账的记账凭证，在当年内发现填写错误时，应用红字填写一张与原内容相同的记账凭证，在摘要栏内注明“注销某月某日某号凭证”字样，同时再用蓝字重新填制一张正确的记账凭证，注明“订正某月某日某号凭证”。如果会计科目没有错误，只是金额错误，也可以将正确数字与错误数字之间的差额另编一张调整的记账凭证。调增金额用蓝字，调减金额用红字。发现以前年度的错误，应用蓝字填制一张更正错误的记账凭证。

2. 字迹必须清晰、工整，不得潦草。

〔实训步骤〕

一、审核实训一所填制的原始凭证。

二、根据审核无误的原始凭证编制记账凭证。

三、根据实训要求，检查记账凭证是否合乎规定。

〔实训思考〕

一、为什么要编制记账凭证？

二、编制记账凭证的要求有哪些？

三、记账凭证应具备哪些项目？

四、怎样编制记账凭证才算正确？

五、为什么有复式记账凭证与单式记账凭证之分？各有什么优点？适用条件是什么？

六、通用记账凭证与专用记账凭证各有什么优缺点？适用条件是什么？

七、对库存现金与银行存款之间相互划转的业务应如何编制记账凭证？

〔实训提示〕

一、本实训可使用通用记账凭证或专用记账凭证进行编制，一旦选定一种记账凭证，不能随意更改。

二、使用专用记账凭证时，判断一项业务编制收付款凭证还是编制转账凭证，应以该业务是否涉及库存现金和银行存款为依据。凡涉及库存现金和银行存款的业务需编制收付款凭证，不涉及库存现金和银行存款的业务编制转账凭证。

三、使用专用记账凭证时，库存现金和银行存款之间相互划转的业务要编制付款凭证。

实训四　记账凭证的审核

记账凭证填制完成以后，必须由有关人员认真地进行审核。经过审核无误的记账凭证，便可据以记账。如果发现记账凭证填制有误，应按规定的方法及时更正。

〔实训目的〕

通过审核记账凭证，掌握审核记账凭证的要求和方法，加深对记账凭证正确性和合规性的理解。

〔实训资料〕

对大连新世纪股份有限公司 2021 年 6 月 21—30 日的有关业务的记账凭证进行全面审核：

28. 21 日，开出现金支票，提取现金 4 000 元。

该项业务要求填制、审核现金支票存根及付款凭证，其格式见证账表 1-45、证账表 1-46。

证账表 1-45

中国工商银行
现金支票存根
10209110
02205636

附加信息

出票日期 2021 年 6 月 21 日

收款人：	大连新世纪股份有限公司
金　额：	¥4 000.00
用　途：	备用金

单位主管 孙　丽　　会计 王　艳

证账表 1-46

付款凭证

凭证编号 81　出纳编号____

2021 年 6 月 21 日

贷方科目：银行存款

摘要	结算方式	票号	借方科目：总账科目	借方科目：明细科目	亿	千	百	十	万	千	百	十	元	角	分	记账符号
提取备用金	现支	5636	库存现金							4	0	0	0	0	0	
附单据 壹 张			合　计						¥	4	0	0	0	0	0	

会计主管人员 孙丽　记账 张斌　稽核 赵一　制单 张斌　出纳 王艳　领款人

29. 22 日，从本溪同泰物资公司购买乙材料 2 500 千克，单价 28 元/千克，计 70 000 元，增值税 9 100 元，外地运费 1 000 元，增值税 90 元，运输费由本溪同泰物资公司代垫，货款已承付，材料验收入库。

该项业务要求审核购货发票、运费发票、托收凭证、材料入库单，填制和审核付款凭证和转账凭证，其格式见证账表 1-47、证账表 1-48、证账表 1-49、证账表 1-50、证账表 1-51、证账表 1-52。

证账表 1-47

辽宁增值税专用发票

№01701352

2103051140　　发　票　联　　开票日期：2021 年 6 月 22 日

购买方	名称：大连新世纪股份有限公司 纳税人识别号：91210204978027086E 地址、电话：大连市京连路 158 号 0411-81930847 开户行及账号：中国工商银行大连分行京连路分理处 6222210058615348001				密码区	（略）	
货物或应税劳务、服务名称	规格型号	单位	数量	单价	金额	税率	税额
乙材料	YL	千克	2 500	28.00	70 000.00	13%	9 100.00
合　计					¥70 000.00		¥9 100.00
价税合计（大写）	⊗柒万玖仟壹佰元整				（小写）¥79 100.00		
销售方	名称：本溪同泰物资公司 纳税人识别号： 地址、电话：（略） 开户行及账号：				备注		

收款人：　　复核：　　开票人：　　销售方：（章）

第三联：发票联　购买方记账凭证

证账表 1-48

辽宁增值税专用发票

№00002871

2210505101　　发　票　联　　开票日期：2021 年 6 月 22 日

购买方	名　　称：大连新世纪股份有限公司 纳税人识别号：91210204978027086E 地 址 、电 话：大连市京连路 158 号 0411-81930847 开户行及账号：中国工商银行大连分行京连路分理处 6222210058615348001				密码区	（略）	
货物或应税劳务、服务名称	规格型号	单位	数量	单价	金额	税率	税额
运费			2 500	0. 40	1 000. 00	9%	90. 00
合　计					¥1 000. 00		¥90. 00
价税合计（大写）	⊗壹仟零玖拾元整				（小写）¥1 090. 00		
销售方	名　　称： 纳税人识别号： 地 址 、电 话：　（略） 开户行及账号：				备注		

收款人：　　复核：　　开票人：　　销售方：（章）

第三联：发票联　购买方记账凭证

证账表 1-49

ICBC 中国工商银行　　托收凭证（付款通知）5

委托日期 2021 年 6 月 22 日

业务类型	委托收款（□邮划、□电划）　托收承付（□邮划、□电划）						
付款人	全称	大连新世纪股份有限公司		收款人	全称	本溪同泰物资公司	
	账号	6222210058615348001			账号	（略）	
	地址	辽宁省大连市/县	开户行：中国工商银行大连分行京连路分理处		地址	辽宁省本溪市/县	开户行：中国工商银行本溪分行
金额	人民币（大写）捌万零壹佰玖拾元整					亿千百十万千百十元角分	¥8019000
款项内容		托收凭据名称			附寄单证张数		
商品发运情况			合同名称号码				
备注：电划 付款人开户银行收到日期： 年　月　日 复核　记账		付款人开户银行签章 2021 年 6 月 22 日			付款人注意： 1. 根据支付结算办法，上列委托收款（托收承付）款项在付款期限内未提出拒付，即视为同意付款，以此代付款通知。 2. 如需提出全部或部分拒付，应在规定期限内，将拒付理由书并附债务证明退交开户银行。		

此联作付款人开户银行给付款人按期付款通知

证账表 1-50

材料入库单

2021 年 6 月 22 日

供货单位	本溪同泰		附原凭　张		发票号		01701352	年　月　日	
货号	名称	型号规格	单　位	数　量		进货价		验收损耗	
				发票	实收	单价	金额	数量	金额
	乙材料	YL	千克	2 500	2 500	28	70 000		
注明采购方式			运杂费			1 000		用　途	
			合　计			71 000			

三 财会联

仓库负责人：　　　保管员：王林　　　交货人：

证账表 1-51

付款凭证

凭证编号 82　出纳编号＿＿＿

2021 年 6 月 22 日

贷方科目	银行存款

摘　要	结算方式	票　号	借方科目		金　额											记账符号
			总账科目	明细科目	亿	千	百	十	万	千	百	十	元	角	分	
自本溪同泰物资公司购入乙材料	托收		在途物资	乙材料					7	1	0	0	0	0	0	
			应交税费	应交增值税（进项税额）						9	1	9	0	0	0	
附单据　叁　张			合　计					¥	8	0	1	9	0	0	0	

会计主管人员孙丽　记账张斌　稽核赵一　制单张斌　出纳王艳　领款人

证账表 1–52

转账凭证

2021 年 6 月 22 日　　　　凭证编号 83

摘要	借方科目		贷方科目		金额											记账符号
	总账科目	明细科目	总账科目	明细科目	亿	千	百	十	万	千	百	十	元	角	分	
购入乙材料经验收入库	原材料	乙材料	在途物资	乙材料					7	1	0	0	0	0	0	
附单据 壹 张	合计							¥	7	1	0	0	0	0	0	

会计主管人员 孙丽　　记账 张斌　　稽核 赵一　　制单 张斌

30. 23 日，零售给大连宏达公司甲材料 16 千克，单位售价 50 元，价款 800 元，增值税税率 13%，税款 104 元，收取现金 904 元。

该项业务要求审核销货发票、收款凭证，其格式见证账表 1–53、证账表 1–54。

证账表 1–52

2103451170　　**大连增值税专用发票**　　№00153639

此联不作报销、扣税凭证使用　　开票日期：2021 年 6 月 23 日

购买方	名称：大连宏达公司 纳税人识别号： 地址、电话：（略） 开户行及账号：							密码区	（略）
货物或应税劳务、服务名称	规格型号	单位	数量	单价	金额	税率	税额		
甲材料	PH–6	千克	16	50.00	800.00	13%	104.00		
合计					¥800.00		¥104.00		
价税合计（大写）	⊗玖佰零肆元整				（小写）¥904.00				
销售方	名称：大连新世纪股份有限公司 纳税人识别号：91210204978027086E 地址、电话：大连市京连路 158 号 0411–81930847 开户行及账号：中国工商银行大连分行京连路分理处 6222210058615348001							备注	

第一联：记账联　销售方记账凭证

收款人：王艳　　复核：赵一　　开票人：张斌　　销售方：（章）

证账表 1-55

收 款 凭 证

凭证编号 84　　出纳编号____

2021 年 6 月 23 日

借方科目	库存现金

摘要	结算方式	票号	贷方科目		金额											记账符号
			总账科目	明细科目	亿	千	百	十	万	千	百	十	元	角	分	
销售甲材料	现金		其他业务收入								8	0	0	0	0	
			应交税费	应交增值税（销项税额）							1	0	4	0	0	
附单据 壹 张			合计							¥	9	0	4	0	0	

会计主管人员孙丽　记账张斌　稽核赵一　制单张斌　出纳王艳　交款人刘琪

31. 24 日，开出现金支票从银行提取现金 385 000 元以备发放工资。

该项业务要求审核现金支票存根、付款凭证，其格式见证账表 1-55、证账表1-56。

证账表 1-55

中国工商银行
现金支票存根
10209110
02205637

附加信息

出票日期 2021 年 6 月 24 日

收款人：	大连新世纪股份有限公司
金　额：	¥385 000.00
用　途：	发放工资

单位主管孙丽　　会计王艳

证账表 1-56

付款凭证

凭证编号 85 出纳编号____

贷方科目	银行存款

2021 年 6 月 24 日

摘要	结算方式	票号	借方科目 总账科目	借方科目 明细科目	金额 亿	千	百	十	万	千	百	十	元	角	分	记账符号
提现金备发工资			库存现金					3	8	5	0	0	0	0	0	
附单据 壹 张			合计				¥	3	8	5	0	0	0	0	0	

会计主管人员 孙丽　记账 张斌　稽核 赵一　制单 张斌　出纳 王艳　领款人

32. 24 日，以现金发放工资 385 000 元。

该项业务要求审核工资结算汇总表、付款凭证，其格式见证账表 1-57、证账表 1-58。

证账表 1-57

工资结算汇总表

2021 年 6 月 24 日　　金额单位：元

人员	工资 工时	工资 岗位工资	工资 能绩工资	工资 效益工资	加班 工时	加班 工资	补贴 工龄	补贴 交通	补贴	应发工资	本月增加 医疗 职工	本月增加 医疗 家属	本月扣除 失业保险	本月扣除 住房公积金	本月扣除 医疗保险	本月扣除 养老保险	本月扣除 个人所得税	本月扣除 工会经费	实发工资
生产工人																			
其中：A 产品工人																			
B 产品工人																			
车间管理人员									(略)										
行政管理人员																			
合计																			385 000

主管：孙丽　审核：赵一　制表：张斌

证账表 1-58

付款凭证

凭证编号 86　出纳编号

贷方科目	库存现金

2021 年 6 月 24 日

摘要	结算方式	票号	借方科目		金额											记账符号
			总账科目	明细科目	亿	千	百	十	万	千	百	十	元	角	分	
发放工资			应付职工薪酬	工资				3	8	5	0	0	0	0	0	
附单据 壹 张			合计				¥	3	8	5	0	0	0	0	0	

会计主管人员 孙丽　记账 张斌　稽核 赵一　制单 张斌　出纳 王艳　领款人

33. 26 日，接受某公司捐赠全新设备一台，原值为 60 000 元（不考虑增值税），设备直接投入使用。

该项业务要求审核固定资产验收单、转账凭证，其格式见证账表 1-59、证账表 1-60。

证账表 1-59

固定资产验收单

2021 年 6 月 26 日　编号：

名称	规格型号	来源	数量	购（造）价		使用年限	预计残值
设备		接受捐赠	1	60 000			
运杂费	总造价	建造单位		交工日期		附件	
				年　月　日			
验收部门		验收人员		管理部门		管理人员	
备注							

证账表 1-60

转账凭证

2021 年 6 月 26 日　　　　凭证编号 87

<table>
<tr><th rowspan="2">摘　要</th><th colspan="2">借方科目</th><th colspan="2">贷方科目</th><th colspan="11">金　额</th><th rowspan="2">记账符号</th></tr>
<tr><th>总账科目</th><th>明细科目</th><th>总账科目</th><th>明细科目</th><th>亿</th><th>千</th><th>百</th><th>十</th><th>万</th><th>千</th><th>百</th><th>十</th><th>元</th><th>角</th><th>分</th></tr>
<tr><td>接受某公司捐赠设备一台</td><td>固定资产</td><td>设备</td><td>营业外收入</td><td></td><td></td><td></td><td></td><td></td><td>6</td><td>0</td><td>0</td><td>0</td><td>0</td><td>0</td><td>0</td><td></td></tr>
<tr><td></td><td></td><td></td><td></td><td></td><td></td><td></td><td></td><td></td><td></td><td></td><td></td><td></td><td></td><td></td><td></td><td></td></tr>
<tr><td></td><td></td><td></td><td></td><td></td><td></td><td></td><td></td><td></td><td></td><td></td><td></td><td></td><td></td><td></td><td></td><td></td></tr>
<tr><td></td><td></td><td></td><td></td><td></td><td></td><td></td><td></td><td></td><td></td><td></td><td></td><td></td><td></td><td></td><td></td><td></td></tr>
<tr><td></td><td></td><td></td><td></td><td></td><td></td><td></td><td></td><td></td><td></td><td></td><td></td><td></td><td></td><td></td><td></td><td></td></tr>
<tr><td></td><td></td><td></td><td></td><td></td><td></td><td></td><td></td><td></td><td></td><td></td><td></td><td></td><td></td><td></td><td></td><td></td></tr>
<tr><td>附单据 壹 张</td><td colspan="4">合　　计</td><td></td><td></td><td></td><td>¥</td><td>6</td><td>0</td><td>0</td><td>0</td><td>0</td><td>0</td><td>0</td><td></td></tr>
</table>

会计主管人员 孙丽　　记账 张斌　　稽核 赵一　　制单 张斌

34. 28 日，支付修车费，付现金 678 元。

该项业务要求审核修车费发票、付款凭证，其格式见证账表 1-61、证账表1-62。

证账表 1-61

大连增值税专用发票　　№00103521

2102057870　　发　票　联　　开票日期：2021 年 6 月 28 日

<table>
<tr><td>购买方</td><td colspan="5">名　　称：大连新世纪股份有限公司
纳税人识别号：91210204978027086E
地 址 、电 话：大连市京连路 158 号 0411-81930847
开户行及账号：中国工商银行大连分行京连路分理处
6222210058615348001</td><td>密码区</td><td colspan="2">（略）</td></tr>
<tr><td colspan="2">货物或应税劳务、服务名称</td><td>规格型号</td><td>单位</td><td>数量</td><td>单价</td><td>金额</td><td>税率</td><td>税额</td></tr>
<tr><td colspan="2">修车费</td><td></td><td></td><td>1</td><td>600.00</td><td>600.00</td><td>13%</td><td>78.00</td></tr>
<tr><td colspan="2">合　计</td><td></td><td></td><td></td><td></td><td>¥600.00</td><td></td><td>¥78.00</td></tr>
<tr><td colspan="2">价税合计（大写）</td><td colspan="7">⊗陆佰柒拾捌元整　　（小写）¥678.00</td></tr>
<tr><td>销售方</td><td colspan="5">名　　称：
纳税人识别号：　　（略）
地 址 、电 话：
开户行及账号：</td><td>备注</td><td colspan="2"></td></tr>
</table>

第三联：发票联　购买方记账凭证

收款人：　　复核：　　开票人：　　销售方：（章）

证账表 1-62

付款凭证

凭证编号 88 出纳编号____

2021 年 6 月 28 日

贷方科目	库存现金

摘要	结算方式	票号	借方科目		金额											记账符号
			总账科目	明细科目	亿	千	百	十	万	千	百	十	元	角	分	
支付修车费	现金		管理费用	修车费							6	7	8	0	0	
附单据 壹 张			合计							¥	6	7	8	0	0	

会计主管人员 孙丽 记账 张斌 稽核 赵一 制单 张斌 出纳 王艳 领款人

35. 29 日，收到上月销售给大连华盛公司的 A 产品货款 100 000 元，支票已存入银行。

该项业务应审核工商银行进账单、收款凭证，其格式见证账表 1-63、证账表1-64。

证账表 1-63

ICBC 中国工商银行 进账单（收账通知） 3

2021 年 6 月 29 日

出票人	全称	大连华盛公司	收款人	全称	大连新世纪股份有限公司
	账号	（略）		账号	6222210058615348001
	开户银行	中国建设银行大连分行高新园区支行		开户银行	中国工商银行大连分行京连路分理处

金额	人民币（大写） 壹拾万元整	亿	千	百	十	万	千	百	十	元	角	分
				¥	1	0	0	0	0	0	0	0

票据种类		票据张数	
票据号码			

复核 记账

收款人开户银行签章

此联是收款人开户银行交给收款人的收账通知

证账表 1-64

收款凭证

凭证编号 89　　出纳编号____

2021 年 6 月 29 日

借方科目	银行存款

摘要	结算方式	票号	贷方科目：总账科目	贷方科目：明细科目	金额：亿	千	百	十	万	千	百	十	元	角	分	记账符号
收到华盛公司货款	支票	8478	应收账款	大连华盛公司				1	0	0	0	0	0	0	0	
附单据 壹 张			合计				¥	1	0	0	0	0	0	0	0	

会计主管人员 孙丽　　记账 张斌　　稽核 赵一　　制单 张斌　　出纳 王艳　　交款人

36. 30 日，提取固定资产折旧，其中，车间固定资产折旧额 2 800 元，行政管理部门固定资产折旧额 1 500 元。

该项业务要求审核固定资产折旧计算单、转账凭证，其格式见证账表 1-65、证账表 1-66。

证账表 1-65

固定资产折旧计算单

2021 年 6 月　　金额单位：元

折旧率 / 使用部门	房屋建筑物：原值	折旧率	折旧额	机器设备：原值	折旧率	折旧额	运输工具：原值	折旧率	折旧额	其他：原值	折旧率	折旧额	合计
生产车间													2 800
其中：一车间													
二车间						（略）							
管理部门													1 500
合计													4 300

主管：孙丽　　审核：赵一　　制表：张斌

证账表 1-66

转账凭证

2021 年 6 月 30 日　　　　凭证编号　90

摘要	借方科目		贷方科目		金额											记账符号
	总账科目	明细科目	总账科目	明细科目	亿	千	百	十	万	千	百	十	元	角	分	
计提当月固定资产折旧	制造费用	折旧费	累计折旧							2	8	0	0	0	0	
	管理费用	折旧费	累计折旧							1	5	0	0	0	0	
附单据　壹　张	合　　计								¥	4	3	0	0	0	0	

会计主管人员 孙丽　　　记账 张斌　　　稽核 赵一　　　制单 张斌

37. 30 日，分配当月工资 385 000 元。

该项业务要求审核工资费用分配表、转账凭证，其格式见证账表 1-67、证账表 1-68。

证账表 1-67

工 资 费 用 分 配 表

2021 年 6 月 30 日　　　　金额单位：元

应借科目	应贷科目：应付职工薪酬			
	生产工人	车间管理人员	厂部管理人员	合　计
生产成本——A 产品	180 000			180 000
——B 产品	120 000			120 000
制造费用		50 000		50 000
管理费用			35 000	35 000
合计	300 000	50 000	35 000	385 000

主管：孙丽　　　审核：赵一　　　制表：张斌

证账表 1-68

转账凭证

2021 年 6 月 30 日　　　　凭证编号 91

摘要	借方科目		贷方科目		金额	记账符号
	总账科目	明细科目	总账科目	明细科目	亿千百十万千百十元角分	
分配工资费用	生产成本	A 产品	应付职工薪酬	工资	18000000	
	生产成本	B 产品	应付职工薪酬	工资	12000000	
	制造费用		应付职工薪酬	工资	5000000	
	管理费用		应付职工薪酬	工资	3500000	
附单据 壹 张	合计				¥38500000	

会计主管人员 孙丽　　记账 张斌　　稽核 赵一　　制单 张斌

38. 30 日，按本月工资额的 8% 提取社会保险费、4% 提取住房公积金、2% 提取工会经费。

该项业务应审核社会保险、住房公积金及工会经费分配表，转账凭证，其格式见证账表 1-69、证账表 1-70。

证账表 1-69

社会保险、住房公积金及工会经费分配表

2021 年 6 月 30 日　　　　单位：元

应借科目	应贷科目：应付职工薪酬									
	生产工人			车间管理人员			厂部管理人员			合计
	社保①	住房②	工会经费	社保	住房	工会经费	社保	住房	工会经费	
生产成本——A 产品	14 400	7 200	3 600							25 200
——B 产品	9 600	4 800	2 400							16 800
制造费用				4 000	2 000	1 000				7 000
管理费用							2 800	1 400	700	4 900
合计	24 000	12 000	6 000	4 000	2 000	1 000	2 800	1 400	700	53 900

主管：孙丽　　审核：赵一　　制表：张斌

① 这里的“社保”是指社会保险，具体包括医疗保险费、基本养老保险费、失业保险费、工伤保险费和生育保险费等。

② 这里的“住房”是指住房公积金，是由国家机关、国有企业、外商投资企业、城镇私营企业及其他城镇企业、事业单位及其在职职工缴存的长期住房储蓄。

证账表 1-70

转 账 凭 证

2021 年 6 月 30 日　　　　凭证编号 92

摘要	借方科目		贷方科目		金额											记账符号
	总账科目	明细科目	总账科目	明细科目	亿	千	百	十	万	千	百	十	元	角	分	
计提本月工会经费、社会保险费及住房公积金	生产成本	A 产品	应付职工薪酬						2	5	2	0	0	0	0	
	生产成本	B 产品	应付职工薪酬						1	6	8	0	0	0	0	
	制造费用		应付职工薪酬							7	0	0	0	0	0	
	管理费用		应付职工薪酬							4	9	0	0	0	0	
附单据 壹 张	合计							¥	5	3	9	0	0	0	0	

会计主管人员 孙丽　　记账 张斌　　稽核 赵一　　制单 张斌

39. 30 日，本月共发生制造费用 59 800 元，按生产工人工资比例分配计入 A、B 两种产品成本。

该项业务要求审核制造费用分配表、转账凭证，其格式见证账表 1-71、证账表 1-72。

证账表 1-71

制 造 费 用 分 配 表

2021 年 6 月 30 日　　　　金额单位：元

产品名称	分配标准（工资）	分配率	分配金额
A 产品	180 000	0. 1993	35 874
B 产品	120 000	0. 1993	23 926
合　计	300 000		59 800

主管：孙丽　　审核：赵一　　制表：张斌

证账表 1-72

转账凭证

2021 年 6 月 30 日　　　　凭证编号 93

摘要	借方科目		贷方科目		金额											记账符号
	总账科目	明细科目	总账科目	明细科目	亿	千	百	十	万	千	百	十	元	角	分	
分配制造费用	生产成本	A 产品	制造费用						3	5	8	7	4	0	0	
	生产成本	B 产品	制造费用						2	3	9	2	6	0	0	
附单据 壹 张	合计							¥	5	9	8	0	0	0	0	

会计主管人员 孙丽　　记账 张斌　　稽核 赵一　　制单 张斌

40. 30 日，本月生产的 A 产品完工入库，结转成本 426 000 元。

该项业务要求审核产品成本计算单、完工产品入库单和转账凭证，其格式见证账表 1-73、证账表 1-74、证账表 1-75。

证账表 1-73

生产车间

产品成本计算单

2021 年 6 月

产品名称	A	规格		工时
本期产量		单位		

成本项目	单位	期初在产		本期发生		本期在产		本期完工产品成本				
		在产量		数量		在产品		总成本		单位成本		
				废品量		在产率	（%）					
		耗用量	金额	耗用量	金额	数量	金额	耗用量	金额	耗用量	单价	金额
直接材料												
直接人工												
制造费用												
制造成本									426 000			

财务科长：　　　　车间主任：　　　　成本员：

证账表 1-74

完工产品入库单

物资类别： 2021 年 6 月 30 日 编号：

交货单位或部门			生产单号码		验收仓库		
名称及规格	计量单位	数量		实际成本			
		应交	实收	单价	金额	杂费	合计
A 产品			（略）				426 000
合计							426 000
检验结果							
备注							

记账： 验收： 仓库： 交货：

证账表 1-75

转账凭证

2021 年 6 月 30 日 凭证编号 94

摘要	借方科目		贷方科目		金额											记账符号
	总账科目	明细科目	总账科目	明细科目	亿	千	百	十	万	千	百	十	元	角	分	
产品完工入库	库存商品	A 产品	生产成本	A 产品				4	2	6	0	0	0	0	0	
附单据 贰 张	合计						¥	4	2	6	0	0	0	0	0	

会计主管人员 孙丽 记账 张斌 稽核 赵一 制单 张斌

〔实训要求〕

一、要求全面审核记账凭证，包括审核记账凭证内容的真实性、合法性以及填制手续的完备性、合规性。

二、操作者应了解经济业务的内容及应用的会计科目的有关规定，熟悉每一个会计科目的准确用法，以判断业务处理是否正确。

〔实训步骤〕

一、审核记账凭证包括审核：记账凭证是否附有原始凭证，记账凭证内容与所附原始凭证内容是否相符。

二、审核会计处理方法包括审核：会计科目的应用是否正确，二级或明细科目是否齐全，科目对应关系是否清晰，金额是否正确。

三、审核其他有关项目是否全部填列齐全，有关人员是否签字或盖章。

四、对审核后的记账凭证进行处理，经会计人员审核无误的记账凭证，可据以登记账簿，对不合乎规定手续或内容不准确的记账凭证，应按规定的方法及时进行更正。

〔实训思考〕

一、为什么要审核记账凭证？

二、怎样审核记账凭证？

三、审核记账凭证有哪些方法？

四、对记账凭证进行审核主要审核什么？

〔实训提示〕

一、审核记账凭证时首先要根据原始凭证所反映的经济业务内容，判断所选择的记账凭证是否正确。凡是涉及库存现金或银行存款的经济业务应编制收款记账凭证或付款记账凭证，不涉及库存现金或银行存款的经济业务编制转账记账凭证，库存现金和银行存款之间相互划转的经济业务应编制付款记账凭证。

二、完整的记账凭证应包括日期、凭证编号、摘要、结算方式、票号、借方科目、贷方科目、金额、所附单据说明、制单人、审核人、记账人等项内容。对记账凭证应审核上述项目是否填列完整正确，相关人员是否签字盖章。如果借、贷方科目有二级子目，在编制记账凭证时要一并填列。记账凭证填列得越完整，今后查阅起来就越方便。

三、审核记账凭证还应注意所使用的会计科目以及科目之间的对应关系是否正确。通常情况下，可以一借多贷或一贷多借，但一般不能多借多贷。

四、记账凭证上所附单据张数一栏要用大写数字填列。记账凭证金额栏的空白处要划掉，合计栏要用人民币符号封头。

第二章　企业经营过程核算实训

本章共进行十一项单项实训，包括：制造业企业供应、生产和销售三个过程的核算和成本计算的实训，编制、汇总记账凭证的实训，登记日记账的实训，登记明细账的实训，登记总分类账的实训，期末账项调整的实训，账簿查错与更正的实训，账项结转和结账的实训，编制试算平衡表的实训，编制余额对照表的实训，编制资产负债表和利润表的实训等。

实训一　供应过程、生产过程、销售过程的核算

〔实训目的〕

通过供应过程、生产过程和销售过程的核算以及材料采购成本、产品生产成本和销售成本的计算，了解制造业企业供、产、销三个过程主要经济业务的类型，掌握根据供、产、销三个过程经济业务的内容填制并审核的原始凭证，编制记账凭证的方法。

〔实训资料〕

一、企业概况

企业名称：大连北方机械制造有限公司

开户银行：中国工商银行大连分行星海支行

银行账号：3400222320014421166（存款户）　3400222410076685521（贷款户）

纳税人类别：一般纳税人

纳税人识别号：91210204999020386M

执行税率：增值税税率为13%；所得税税率为25%

企业注册地址：大连市沙河口区世纪路100号

联系电话：0411-89997721

邮政编码：116023

主营业务：产品生产与销售

会计核算组织：公司财务部一级核算

机构设置：公司下设生产车间、各职能科室和车队

企业有关人员名单：法人代表——刘广财（董事长）；总经理——李振东；总会计师——张雨林；财务科长——王浩；记账会计——李明；出纳——曲华；稽核——孙萍；销售部开票人——于艳；仓库保管员——刘为

二、会计核算的有关规定

1. 大连北方机械制造有限公司采用汇总记账凭证核算组织程序，一个月汇总一次。

2. 记账凭证采用收款凭证、付款凭证和转账凭证，即专用记账凭证形式。

3. 材料采购费用按材料重量比重进行分配，发出材料的计价采用全月一次加权平均法，计算结果保留两位小数。

4. “生产成本”明细分类账设直接材料、直接人工和制造费用三个成本项目。

5. 法定盈余公积金提取比例为10%，应付投资者的利润按年末董事会决议，依据各方出资比例分配。

6. 坏账核算采用应收账款余额百分比法，坏账准备的提取比例为应收账款年末余额的1%。

三、2021年10月31日，大连北方机械制造有限公司所用会计科目以及结账后有关总账账户余额资料（见表2-1）

表2-1

账户（科目）余额表

2021年10月31日　　单位：元

序号	账户名称	余额	
		借　方	贷　方
	一、资产类		
1	库存现金	5 140	
2	银行存款	5 497 540	
3	应收账款	2 324 000	
4	预付账款	1 520 000	
5	其他应收款	24 000	
6	在途物资		
7	原材料	3 314 960	
8	库存商品	5 242 800	
9	固定资产	28 736 000	
10	累计折旧		8 698 000
	二、负债类		
11	短期借款		3 000 000
12	应付票据		100 000
13	应付账款		962 000
14	预收账款		300 000
15	其他应付款		60 300
16	应付职工薪酬		120 000

续表

序号	账户名称	余额	
		借　方	贷　方
17	应付股利		
18	应交税费		509 760
19	应付利息		88 000
	三、所有者权益类		
20	实收资本		20 000 000
21	资本公积		400 000
22	盈余公积		706 000
23	本年利润		12 060 000
24	利润分配		
	四、成本类		
25	生产成本	339 620	
26	制造费用		
	五、损益类		
27	主营业务收入		
28	主营业务成本		
29	税金及附加		
30	其他业务收入		
31	销售费用		
32	管理费用		
33	财务费用		
34	营业外收入		
35	营业外支出		
36	所得税费用		
	合　计	47 004 060	47 004 060

四、2021 年 10 月 31 日大连北方机械制造有限公司结账后有关明细账账户余额资料

1.“原材料”“库存商品”明细账账户（见表 2-2）。

表 2-2

“原材料”“库存商品”明细账账户余额表

金额单位：元

总分类账户	明细分类账户	账页格式	计量单位	数量	单位成本	金额
原材料	甲材料	数量金额式	千克	6 340	200	1 268 000
	乙材料	数量金额式	千克	17 058	120	2 046 960
	合计	—	—	—	—	3 314 960
库存商品	A 产品	数量金额式	件	2 300	1 600	3 680 000
	B 产品	数量金额式	件	3 907	400	1 562 800
	合计	—	—	—	—	5 242 800

2. “生产成本”明细账账户（见表 2-3）。

表 2-3

“生产成本”明细账账户余额表

单位：元

明细账户	成本项目			
	直接材料	直接人工	制造费用	合计
A 产品	105 600	48 450	33 570	187 620
B 产品	98 500	36 480	17 020	152 000
合计	204 100	84 930	50 590	339 620

3. 其他明细账账户（见表 2-4）。

表 2-4

其他明细账账户余额表

单位：元

总分类账户	明细分类账户	10 月 31 日余额	
		借方	贷方
应收账款	广州福禄	1 000 000	
	本溪钢管	1 324 000	
	合计	2 324 000	
预付账款			
	合计	1 520 000	
其他应收款			
	合计	24 000	
应付账款	红星公司		262 000
	丹东宏达		700 000
	合计		962 000
预收账款			
	合计		300 000
其他应付款			
	合计		60 300

4. 利润表资料（见表 2-5）。

表 2-5

利润表

会企 02 表

编制单位：大连北方机械制造有限公司　2021 年10 月　单位：元

项　目	本期金额	上期金额
一、营业收入	40 856 000	
减：营业成本	21 170 000	
税金及附加	125 702	
销售费用	230 800	
管理费用	4 867 042	
研发费用		
财务费用	203 850	
其中：利息费用	203 850	
利息收入		
加：其他收益		
投资收益（损失以“-”号填列）		
其中：对联营企业和合营企业的投资收益		
以摊余成本计量的金融资产终止确认收益（损失以“-”号填列）		
净敞口套期收益（损失以“-”号填列）		
公允价值变动收益（损失以“-”号填列）		略
信用减值损失（损失以“-”号填列）		
资产减值损失（损失以“-”号填列）		
资产处置收益（损失以“-”号填列）		
二、营业利润（亏损以“-”号填列）	14 258 606	
加：营业外收入	21 324	
减：营业外支出	330 400	
三、利润总额（亏损总额以“-”号填列）	13 949 530	
减：所得税费用	1 889 530	
四、净利润（净亏损以“-”号填列）	12 060 000	
（一）持续经营净利润（净亏损以“-”号填列）		
（二）终止经营净利润（净亏损以“-”号填列）		
五、其他综合收益的税后净额		
（一）不能重分类进损益的其他综合收益		
1. 重新计量设定受益计划变动额		
2. 权益法下不能转损益的其他综合收益		
3. 其他权益工具投资公允价值变动		
4. 企业自身信用风险公允价值变动		
⋮		
（二）将重分类进损益的其他综合收益		
1. 权益法下可转损益的其他综合收益		
2. 其他债权投资公允价值变动		
3. 金融资产重分类计入其他综合收益的金额		
4. 其他债权投资信用减值准备		
5. 现金流量套期储备		
6. 外币财务报表折算差额		
⋮		
六、综合收益总额		
七、每股收益		
（一）基本每股收益		
（二）稀释每股收益		

五、大连北方机械制造有限公司 2021 年 11 月份发生的经济业务

1. 11 月 3 日李红出差预借差旅费 2 000 元（见证账表 2-1、证账表 2-2）。

证账表 2-1

中国工商银行
现金支票存根
10209110
02215634

附加信息

出票日期 2021 年 11 月 3 日

收款人：	李红
金　额：	¥2 000.00
用　途：	差旅费

单位主管 王浩　　会计 李明

证账表 2-2　大连市财政局 ★ 检印

借　　据（记账）

辽财会账证 48 号

年　　月　　日

借款单位	※	姓名	※ 李红	级别	※	出差地点	※
						天　数	※
事由	※ 参加会议	借款金额（大写）	※ 贰仟元整　¥2 000.00				
部门负责人签章		借款人签章		注意事项	一、有※者由借款人填写 二、凡借用公款必须使用本单 三、第三联为正式借据，由借款人和部门负责人签章 四、出差返回后三日内结算		
单位领导或授权人批示		审核意见					

2. 11 月 3 日大连红星钢铁厂发来甲材料 3 000 千克，单价 200 元/千克；乙材料 1 200 千克，单价 120 元/千克，均已验收入库，货款上个月已预付（见证账

表 2-3、证账表 2-4）。

证账表 2-3

大连增值税专用发票

№00109699

2102001170　　发　票　联　　开票日期：2021 年 11 月 3 日

购买方	名　称：大连北方机械制造有限公司 纳税人识别号：91210204999020386M 地 址 、电 话：沙河口区世纪路 100 号　0411-89997721 开户行及账号：中国工商银行大连分行星海支行 3400222320014421166			密码区	（略）		
货物或应税劳务、服务名称	规格型号	单位	数量	单价	金额	税率	税额
甲材料	PL	千克	3 000	200. 00	600 000. 00	13%	78 000. 00
乙材料	JB	千克	1 200	120. 00	144 000. 00	13%	18 720. 00
合　计					¥744 000. 00		¥96 720. 00
价税合计（大写）	⊗捌拾肆万零柒佰贰拾元整				（小写）¥840 720. 00		
销售方	名　称：大连红星钢铁厂 纳税人识别号： 地 址 、电 话：　（略） 开户行及账号：			备注			

收款人：王进　　复核：　　开票人：李明冬　　销售方：（章）

第三联：发票联　购买方记账凭证

证账表 2-4

材料验收入库单

⑤报　账　　№0014629

供应单位：红星

发票号码：

2021 年 11 月 3 日　收料仓库：　支票号码：

类别	材料名称	规格	型号	单位	数量		实际价格		计划价格		差异金额
					购　入	实　收	单　价	金　额	单　价	金　额	
	甲材料	PL		千克	3 000	3 000	200	600 000			
	乙材料	JB		千克	1 200	1 200	120	144 000			
备注					运 杂 费						
					总计金额						

保管员：刘为　　采购员：刘刚

附件　张

3. 11 月 4 日从银行提取现金 5 000 元，作为备用金（见证账表 2-5）。

证账表 2-5

中国工商银行
现金支票存根
10209110
02215635

附加信息

出票日期 2021 年 11 月 4 日

收款人：	大连北方机械制造有限公司
金　额：	¥5 000.00
用　途：	备用金

单位主管 王　浩　　会计 李　明

4. 11 月 6 日开出支票购买办公用品，金额 2 090.50 元（见证账表 2-6、证账表2-7）。

证账表 2-6

中国工商银行
转账支票存根
10209130
07001726

附加信息

出票日期 2021 年 11 月 6 日

收款人：	大连凯悦商场
金　额：	¥2 090.50
用　途：	购办公用品

单位主管 王浩　　会计 李明

中国工商银行 转账支票　　10209130
07001726 加验密码 07001726

出票日期（大写）贰零贰壹年壹拾壹月零陆日　付款行名称：工行大连分行星海支行

收款人：大连凯悦商场　出票人账号：3400222320014421166

付款期限自出票之日起十天

人民币（大写）	亿	千	百	十	万	千	百	十	元	角	分
贰仟零玖拾元伍角整						¥	2	0	9	0	5	0

用途 购办公用品　　密码

上列款项请从　　行号

我账户内支付

出票人签章　　复核　　记账

证账表 2-7

大连增值税专用发票　№01829276

1270205270　发　票　联　开票日期：2021 年 11 月 6 日

购买方	名　称：大连北方机械制造有限公司 纳税人识别号：91210204999020386M 地 址 、电 话：沙河口区世纪路 100 号　0411-89997721 开户行及账号：中国工商银行大连分行星海支行 3400222320014421166				密码区	（略）	
货物或应税劳务、服务名称	规格型号	单位	数量	单价	金额	税率	税额
文件夹		个	30	15.00	450.00	13%	58.50
文件整理箱		个	40	35.00	1 400.00	13%	182.00
合　计					¥1 850.00		¥240.50
价税合计（大写）	⊗贰仟零玖拾元伍角整				（小写）¥2 090.50		
销售方	名　称： 纳税人识别号： 地 址 、电 话： 开户行及账号：　（略）				备注		

收款人：　复核：　开票人：　销售方：（章）

第三联：发票联　购买方记账凭证

5. 11 月 8 日向大洋印刷厂支付印刷费 858.80 元（见证账表 2-8、证账表 2-9）。

证账表 2-8

中国工商银行转账支票存根

10209130

07001727

附加信息

出票日期 2021 年 11 月 8 日

收款人：大洋印刷厂

金　额：¥858.80

用　途：印刷费

单位主管 王浩　会计 李明

付款期限自出票之日起十天

中国工商银行 转账支票　07001727 加验密码　10209130 07001727

出票日期（大写）贰零贰壹年壹拾壹月零捌日　付款行名称：工行大连分行星海支行

收款人：大洋印刷厂　出票人账号：3400222320014421166

人民币（大写）	亿	千	百	十	万	千	百	十	元	角	分
捌佰伍拾捌元捌角整						¥	8	5	8	8	0

用途 印刷费　密码

上列款项请从　行号

我账户内支付

出票人签章　复核　记账

证账表 2-9

大连增值税专用发票

№05034830

8102051170　　发　票　联　　开票日期：2021年11月8日

<table>
<tr><td rowspan="4">购买方</td><td colspan="5">名　　称：大连北方机械制造有限公司
纳税人识别号：91210204999020386M
地址、电话：沙河口区世纪路100号　0411-89997721
开户行及账号：中国工商银行大连分行星海支行
340022232001442116 6</td><td>密码区</td><td colspan="3">（略）</td></tr>
<tr><td>货物或应税劳务、服务名称</td><td>规格型号</td><td>单位</td><td>数量</td><td>单价</td><td>金额</td><td>税率</td><td>税额</td><td></td></tr>
<tr><td>印刷费</td><td></td><td></td><td></td><td></td><td>760.00</td><td>13%</td><td>98.80</td><td></td></tr>
<tr><td>合　计</td><td></td><td></td><td></td><td></td><td>¥760.00</td><td></td><td>¥98.80</td><td></td></tr>
<tr><td colspan="2">价税合计（大写）</td><td colspan="5">⊗捌佰伍拾捌元捌角整</td><td colspan="3">（小写）¥858.80</td></tr>
<tr><td>销售方</td><td colspan="5">名　　称：
纳税人识别号：
地址、电话：　　（略）
开户行及账号：</td><td>备注</td><td colspan="3"></td></tr>
</table>

收款人：费琦　　复核：　　开票人：刘丹　　销售方：（章）

第三联：发票联　购买方记账凭证

6. 11月8日向大连红星钢铁厂赊购甲材料8 000千克，单价200元/千克；乙材料5 000千克，单价120元/千克，已验收入库（见证账表2-10、证账表2-11）。

证账表 2-10

大连增值税专用发票

№00103699

2102751170　　发　票　联　　开票日期：2021年11月8日

<table>
<tr><td>购买方</td><td colspan="5">名　　称：大连北方机械制造有限公司
纳税人识别号：91210204999020386M
地址、电话：大连沙河口区世纪路100号　0411-89997721
开户行及账号：中国工商银行大连分行星海支行
3400222320014421166</td><td>密码区</td><td colspan="2">（略）</td></tr>
<tr><td>货物或应税劳务、服务名称</td><td>规格型号</td><td>单位</td><td>数量</td><td>单价</td><td>金额</td><td>税率</td><td>税额</td><td></td></tr>
<tr><td>甲材料</td><td>PL</td><td>千克</td><td>8 000</td><td>200.00</td><td>1 600 000.00</td><td>13%</td><td>208 000.00</td><td></td></tr>
<tr><td>乙材料</td><td>JB</td><td>千克</td><td>5 000</td><td>120.00</td><td>600 000.00</td><td>13%</td><td>78 000.00</td><td></td></tr>
<tr><td>合　计</td><td></td><td></td><td></td><td></td><td>¥2 200 000.00</td><td></td><td>¥286 000.00</td><td></td></tr>
<tr><td colspan="2">价税合计（大写）</td><td colspan="4">⊗贰佰肆拾捌万陆仟元整</td><td colspan="3">（小写）¥2 486 000.00</td></tr>
<tr><td>销售方</td><td colspan="5">名　　称：大连红星钢铁厂
纳税人识别号：
地址、电话：　　（略）
开户行及账号：</td><td>备注</td><td colspan="2"></td></tr>
</table>

收款人：王进　　复核：　　开票人：李明冬　　销售方：（章）

第三联：发票联　购买方记账凭证

证账表 2-11

材料验收入库单 ⑤报　账　№0014630

供应单位：红星　　发票号码：

2021 年 11 月 8 日　收料仓库：　支票号码：

类别	材料名称	规格	型号	单位	数量		实际价格		计划价格		差异金额
					购入	实收	单价	金额	单价	金额	
	甲材料		PL	千克	8 000	8 000	200	1 600 000			
	乙材料		JB	千克	5 000	5 000	120	600 000			
备注					运杂费						
					总计金额						

附件　张

保管员：刘为　　采购员：刘刚

7. 11 月 8 日缴纳上个月销售税金 225 600 元（见证账表 2-12）。

证账表 2-12

中华人民共和国
税收完税证明

No.（略）

填发日期：2021 年 11 月 8 日　　税务机关：（略）

纳税人识别号	（略）		纳税人名称	大连北方机械制造有限公司	
原凭证号	税种	品目名称	税款所属时期	入（退）库日期	实缴（退）金额
	增值税		2021—10—01 至 2021—10—31	（略）	225 600.00
金额合计	（大写）贰拾贰万伍仟陆佰元整				¥225 600.00
税务机关（盖章）	填票人 姜春艳	备注：（略）			

第一联（收据）交纳税人作完税证明

妥善保管

8. 11 月 8 日收回广州福禄商行欠款 214 100 元（见证账表 2-13）。

证账表 2-13

ICBC 中国工商银行

托收凭证（受理回单）

1

委托日期 2021 年 11 月 8 日

业务类型	委托收款（□邮划、□电划）			托收承付（□邮划、☑电划）			
付款人	全称	广州福禄商行		收款人	全称	大连北方机械制造有限公司	
	账号	（略）			账号	3400222320014421166	
	地址	广东省广州市/县	开户行 招商银行广州分行白云支行		地址	辽宁省大连市/县	开户行 中国工商银行大连分行星海支行
金额	人民币（大写）贰拾壹万肆仟壹佰元整					亿千百十万千百十元角分	¥21410000
款项内容	货款	托收凭据名称		附寄单证张数			
商品发运情况	已发			合同名称号码	（略）		
备注： 复核　　记账	款项收妥日期 年　月　日			收款人开户银行签章 年　月　日			

此联作收款人开户银行给收款人的受理回单

9. 11 月 8 日李红报销差旅费 1 850 元（见证账表 2-14、证账表 2-15）。

证账表 2-14

辽财会账证 50 号

大连市财政局 ★ 检印

差旅费报销单

单位：

2021 年 11 月 8 日填

月	日	时间	出发地	月	日	时间	到达地	机票费	车（船）费	卧铺费	夜行车补助 小时	夜行车补助 金额	市内交通费 实支	市内交通费 包干	宿费 标准	宿费 实支	宿费 提成扣减	出差补助 天数	出差补助 金额	其他	合计
11	5	8:00	大连	11	5	9:00	北京	570					35			460		3	75	70	1 210
11	7	13:00	北京	11	7	14:00	大连	570												70	640
合计								1 140					35			460			75	140	1 850

出差任务	参加会议	报销金额（大写）	人民币：壹仟捌佰伍拾零元零角零分			预借金额	2 000
		单位领导	刘广财	部门负责人		报销金额	1 850
				出差人	李红	结余或超支	150

会计主管人员 王浩　　记账 李明　　审核 孙萍　　附单据 7 张

证账表 2-15

借　　据（回执）

辽财会账证 48 号　（大连市财政局 ★ 检印）

2021 年 11 月 8 日

借款单位	※	姓名	※ 李红	级别	※	出差地点	※ 北京
						天　　数	※3 天
事由	※ 参加会议		借款金额（大写）	※ 贰仟元整			¥2 000.00
实际报销金额	壹仟捌佰伍拾元整 ¥1 850.00	结余金额	¥150.00	注意事项	一、有※者由借款人填写 二、凡借用公款必须使用本单 三、第三联为正式借据，由借款人和单位负责人签章 四、出差返回后三日内结算		
		超支金额	¥				
收款单位公　　章	（原借款已报销结算完了并已收账）						经办人曲华　2021 年 11 月 8 日

10. 11 月 9 日从沈阳有色金属材料公司购入甲材料 1 700 千克，单价 198 元/千克；乙材料3 000千克，单价 118 元/千克，货款转账支付，材料未入库（见证账表2-16、证账表2-17）。

证账表 2-16

辽宁增值税专用发票　№01701352

2100091170　　发　票　联　　开票日期：2021 年 11 月 9 日

购买方	名　　称：大连北方机械制造有限公司 纳税人识别号：91210204999020386M 地 址 、电 话：大连市沙河口区世纪路 100 号　0411-89997721 开户行及账号：中国工商银行大连分行星海支行 340022232001442116 6				密码区	（略）	
货物或应税劳务、服务名称	规格型号	单位	数量	单价	金额	税率	税额
甲材料	PL	千克	1 700	198.00	336 600.00	13%	43 758.00
乙材料	JB	千克	3 000	118.00	354 000.00	13%	46 020.00
合　计					¥690 600.00		¥89 778.00
价税合计（大写）	⊗柒拾捌万零叁佰柒拾捌元整					（小写）	¥780 378.00
销售方	名　　称：沈阳有色金属材料公司 纳税人识别号： 地 址 、电 话：　（略） 开户行及账号：				备注		

收款人：白灵　　复核：　　开票人：王凡　　销售方：（章）

第三联：发票联　购买方记账凭证

11. 11 月 9 日，以转账支票支付上述材料运杂费 10 246 元（按重量分配），材料已入库（见证账表 2-18、证账表 2-19、证账表 2-20）。

证账表2-17

ICBC 中国工商银行 01550263

业务委托书 APPLICATION FOR MONEY TRANSFER 大B 01550263

委托日期 Date 2021年 Y 11月 M 9日 D

业务类型 Type	☐现金汇款 Cash Remittance　☑转账汇款 Transfer Remittance　☐汇票申请书 D/D　☐本票申请书 P/D　☐其他 Others				
委托人 Principal	全 称 Full Name	大连北方机械制造有限公司	收款人 Payee	全 称 Full Name	沈阳有色金属材料公司
	账号或地址 Account No. or Addr.	340022232001442116 6		账号或地址 Account No. or Addr.	（略）
	开户行名称 Account Bank Name	工行大连分行星海支行		开户行名称 Account Bank Name	中国工商银行沈阳分行沈河支行
汇款方式 Type of Remittance	☐普通 Regular　☐加急 Urgent　加急汇款签字 Signature For Urgent Payment			开户银行 Account Bank	辽宁 省 Province 沈阳 市 City
币种及金额（大写） Currency and Amount in Words	柒拾捌万零叁佰柒拾捌元整			亿 千 百 十 万 千 百 十 元 角 分	¥ 7 8 0 3 7 8 0 0
用途 In Payment of				支付密码 S.C.	

委托人确认上列委托信息填写正确，且已完全理解和接受背面“客户须知”的内容。上列款项及相关费用请从委托人账户内支付。
The above information has been confirmed correctly.The notice has been fully understood and accepted.The above remittance and related charges will be drawn from the referent account.

加验密码

委托人签章 Principal Signature and/or Stamp

银行填写 Bank Use	☐联动收费　☐非联动收费　☐不收费	备注： Remarks

受理（扫描）：　　　　审核：

ICBC 中国工商银行

业务委托书 APPLICATION FOR MONEY TRANSFER 回执 ACKNOMLEOREAENI

大B 01550263

委托人全称 Name of Principal	大连北方机械制造有限公司
委托人账号 A/C of Principal	3400222320014421166
收款人全称 Name of Payee	
收款人账号 A/C of Payee	
金额 Amount	
委托日期 Date	

此联为银行受理通知书。若委托人申请汇票或本票业务，应凭此联领取汇票或本票。
This paper is the bank acceptance advice. For draft or promissory note application, please return this paper.

证账表 2-18

中国工商银行
转账支票存根
10209130
07001728

附加信息

出票日期 2021 年 11 月 9 日

收款人：大连通达运输公司

金　额：¥10 246.00

用　途：运杂费

单位主管 王浩　　会计 李明

中国工商银行 转账支票　07001728 加验密码　10209130 07001728

付款期限自出票之日起十天

出票日期（大写）贰零贰壹年壹拾壹月零玖日　付款行名称：工行大连分行星海支行

收款人：大连通达运输公司　出票人账号：34002223200144211 66

人民币（大写）	亿	千	百	十	万	千	百	十	元	角	分
壹万零贰佰肆拾陆元整				¥	1	0	2	4	6	0	0

用途 运杂费　　密码

上列款项请从　　行号

我账户内支付

出票人签章　　复核　　记账

证账表 2-19

辽宁增值税专用发票

№00103522

2104051170　　发　票　联　　开票日期：2021 年 11 月 9 日

购买方	名　　称：大连北方机械制造有限公司 纳税人识别号：91210204999020386M 地 址 、电 话：大连市沙河口区世纪路 100 号　0411-89997721 开户行及账号：中国工商银行大连分行星海支行 340022232001442 1166			密码区	（略）		
货物或应税劳务、服务名称	规格型号	单位	数量	单价	金额	税率	税额
运费			1 700	2.00	3 400.00	9%	306.00
运费			3 000	2.00	6 000.00	9%	540.00
合　计					¥9 400.00		¥846.00
价税合计（大写）	⊗壹万零贰佰肆拾陆元整				（小写）¥10 246.00		
销售方	名　　称：沈阳有色金属材料公司 纳税人识别号： 地 址 、电 话：（略） 开户行及账号：			备注			

收款人：　　复核：　　开票人：　　销售方：（章）

第三联：发票联　购买方记账凭证

证账表 2-20

材料验收入库单

⑤报　账　№0014631

供应单位：沈阳有色金属材料公司

发票号码：　　2021 年 11 月 9 日　收料仓库：　支票号码：

类别	材料名称	规格	型号	单位	数量		实际价格		计划价格		差异金额
					购入	实收	单价	金额	单价	金额	
	甲材料	PL		千克	1 700	1 700	198	336 600			
	乙材料	JB		千克	3 000	3 000	118	354 000			
备注					运杂费		9 400				
					总计金额						

附件　张

保管员：刘为　　采购员：刘刚

12. 11 月 10 日，向本溪钢管厂销售 A 产品 540 件，单价 3 000 元/件（见证账表 2-21、证账表 2-22）。

证账表 2-21

ICBC 中国工商银行

托收凭证（受理回单）
1

委托日期 2021 年 11 月 10 日

业务类型	委托收款（□邮划、□电划）			托收承付（□邮划、☑电划）				
付款人	全　称	本溪钢管厂		收款人	全　称	大连北方机械制造有限公司		
	账　号	（略）			账　号	340022232001442166		
	地　址	辽宁省本溪 市/县	开户行：中国工商银行本溪分行平山支行		地　址	辽宁省大连 市/县	开户行：中国工商银行大连分行星海支行	
金额	人民币（大写）	壹佰捌拾叁万零陆佰元整				亿千百十万千百十元角分	¥ 1 8 3 0 6 0 0 0 0	
款项内容	货款		托收凭据名称			附寄单证张数		
商品发运情况	已发出			合同名称号码				
备注： 复核　　记账		款项收妥日期 年　月　日			收款人开户银行签章 年　月　日			

此联作收款人开户银行给收款人的受理回单

证账表 2-22

大连增值税专用发票　№00103639

2132051170　此联不作报销、扣税凭证使用　开票日期：2021 年 11 月 10 日

购买方	名　称：本溪钢管厂 纳税人识别号：（略） 地址、电话：本溪市平山区胜利路 189 号 0414-2807691 开户行及账号：中国工商银行本溪分行平山支行				密码区	（略）	
货物或应税劳务、服务名称	规格型号	单位	数量	单价	金额	税率	税额
A 产品	ZY	件	540	3 000.00	1 620 000.00	13%	210 600.00
合　计					¥1 620 000.00		¥210 600.00
价税合计（大写）	⊗壹佰捌拾叁万零陆佰元整				（小写）	¥1 830 600.00	
销售方	名　称：大连北方机械制造有限公司 纳税人识别号：91210204999020386M 地址、电话：大连市沙河口区世纪路 100 号 0411-89997721 开户行及账号：中国工商银行大连分行星海支行 340022232001442166				备注		

第一联：记账联　销售方记账凭证

收款人：曲华　复核：孙萍　开票人：于艳　销售方：（章）

13. 11 月 12 日偿还前欠丹东宏达机电设备公司货款 152 000 元（见证账表 2-23）。

证账表2-23

ICBC 中国工商银行 01550272

业务委托书 APPLICATION FOR MONEY TRANSFER 大B 01550272 委托日期 Date 2021年 Y 11月 M 12日 D

业务类型 Type	☐现金汇款 Cash Remittance ☑转账汇款 Transfer Remittance ☐汇票申请书 D/D ☐本票申请书 P/D ☐其他 Others				
委托人 Principal	全 称 Full Name	大连北方机械制造有限公司	收款人 Payee	全 称 Full Name	丹东宏达机电设备公司
	账号或地址 Account No. or Addr.	3400222320014421166		账号或地址 Account No. or Addr.	（略）
	开户行名称 Account Bank Name	工行大连分行星海支行		开户行名称 Account Bank Name	中国建设银行丹东分行元宝支行
汇款方式 Type of Remittance	☐普通 Regular ☐加急 Urgent 加急汇款签字 Signature For Urgent Payment			开户银行 Account Bank	辽宁 省 Province 丹东 市 City
币种及金额（大写） Currency and Amount in Words	壹拾伍万贰仟元整			亿千百十万千百十元角分	￥15200000
用途 In Payment of				支付密码 S.C.	

委托人确认上列委托信息填写正确，且已完全理解和接受背面“客户须知”的内容。上列款项及相关费用请从委托人账户内支付。
The above information has been confirmed correctly.The notice has been fully understood and accepted.The above remittance and related charges will be drawn from the referent account.

加验密码

委托人签章 Principal Signature and/or Stamp

银行填写 Bank Use	☐联动收费 ☐非联动收费 ☐不收费	备注： Remarks

受理（扫描）： 审核：

ICBC 中国工商银行

业务委托书 回执 APPLICATION FOR MONEY TRANSFER ACKNOMLEOREAENI

大B 01550272

委托人全称 Name of Principal	大连北方机械制造有限公司
委托人账号 A/C of Principal	3400222320014421166
收款人全称 Name of Payee	
收款人账号 A/C of Payee	
金额 Amount	
委托日期 Date	

此联为银行受理通知书。若委托人申请汇票或本票业务，应凭此联领取汇票或本票。
This paper is the bank acceptance advice. For draft or promissory note application, please return this paper.

14. 11 月 16 日向大连海源商场销售 B 产品 1 000 件，单价 800 元/件，收到支票（见证账表 2-24、证账表 2-25）。

证账表 2-24

大连增值税专用发票 №00106639

2202051170 此联不作报销、扣税凭证使用 开票日期：2021 年 11 月 16 日

购买方	名　　称：大连海源商场 纳税人识别号： 地 址 、电 话：　　（略） 开户行及账号：					密码区	（略）
货物或应税劳务、服务名称	规格型号	单位	数量	单价	金额	税率	税额
B 产品	KB	件	1 000	800.00	800 000.00	13%	104 000.00
合　计					¥800 000.00		¥104 000.00
价税合计（大写）	⊗玖拾万零肆仟元整				（小写）¥904 000.00		
销售方	名　　称：大连北方机械制造有限公司 纳税人识别号：91210204999020386M 地 址 、电 话：大连市沙河口区世纪路 100 号 0411-89997721 开户行及账号：中国工商银行大连分行星海支行					备注	

第一联：记账联　销售方记账凭证

收款人：曲华　　复核：孙萍　　开票人：于艳　　销售方：（章）

证账表 2-25

ICBC 中国工商银行 进账单（收账通知） 3

2021 年 11 月 16 日

出票人	全　　称	大连海源商场	收款人	全　　称	大连北方机械制造有限公司
	账　　号	（略）		账　　号	3400222320014421166
	开户银行	（略）		开户银行	中国工商银行大连分行星海支行

金额	人民币（大写）	亿	千	百	十	万	千	百	十	元	角	分
	玖拾万零肆仟元整			¥	9	0	4	0	0	0	0	0

票据种类		票据张数		收款人开户银行签章
票据号码				
复核　记账				

此联是收款人开户银行交给收款人的收账通知

15. 11 月 19 日开出转账支票支付报纸、杂志费 1 200 元（见证账表 2-26、证账表 2-27）。

证账表 2-26

中国工商银行转账支票存根	中国工商银行　转账支票
10209130 07001729	07001729 加验密码　10209130 07001729
附加信息	出票日期（大写）贰零贰壹年壹拾壹月壹拾玖日　付款行名称：工行大连分行星海支行
	收款人：大连市邮电局世纪路营业所　出票人账号：3400222320014421166
	人民币（大写）壹仟贰佰元整　亿千百十万千百十元角分：¥120000
出票日期 2021 年 11 月 19 日	用途 报纸、杂志费　密码
收款人：大连市邮电局世纪路营业所	上列款项请从我账户内支付　行号
金　额：¥1 200.00	
用　途：报纸、杂志费	
单位主管 王浩　会计 李明	出票人签章　复核　记账

付款期限自出票之日起十天

证账表 2-27

中国邮政集团公司大连市分公司专用发票

发　票　联

发票代码 121021703331
发票号码 00117556

用户名称	大连北方机械制造有限公司			
种　类	数　量	邮　费	其他费	金　额
报纸费		300.00	0.00	300.00
杂志费		900.00	0.00	900.00
合计金额	壹仟贰佰元整		¥1 200.00	

第三联　报销凭证

（印章：全国统一发票监制章 大连 国家税务总局监制；中国邮政集团公司大连市分公司 912162007113776134 发票专用章）

开具单位（盖章）　　收款人：董丽　　开票人：辛庆

16. 11 月 20 日开出支票向大连恒信物资经销公司购买甲材料 1 000 千克，单价 200 元/千克，材料经验收入库（见证账表 2-28、证账表 2-29、证账表 2-30）。

证账表 2-28

中国工商银行转账支票存根	中国工商银行　转账支票
10209130 07001730	07001730 加验密码　10209130 07001730
附加信息	出票日期（大写）贰零贰壹年壹拾壹月零贰拾日　付款行名称：工行大连分行星海支行
	收款人：大连恒信物资经销公司　出票人账号：3400222320014421166
	人民币（大写）贰拾贰万陆仟元整　亿千百十万千百十元角分：¥22600000
出票日期 2021 年 11 月 20 日	用途 货款　密码
收款人：大连恒信物资经销公司	上列款项请从我账户内支付　行号
金　额：¥226 000.00	
用　途：货款	
单位主管 王浩　会计 李明	出票人签章　复核　记账

付款期限自出票之日起十天

证账表 2-29

大连增值税专用发票

№00176639

2902051170　　发　票　联　　开票日期：2021 年 11 月 20 日

购买方	名　　称：大连北方机械制造有限公司 纳税人识别号：91210204999020386M 地 址 、电 话：大连市沙河口区世纪路 100 号 0411-89997721 开户行及账号：中国工商银行大连分行星海支行 3400222320014421166					密码区	（略）	
货物或应税劳务、服务名称	规格型号	单位	数量	单价	金额	税率	税额	
甲材料	PL	千克	1 000	200. 00	200 000. 00	13%	26 000. 00	
合　计					¥200 000. 00		¥26 000. 00	
价税合计（大写）	⊗贰拾贰万陆仟元整					（小写）¥226 000. 00		
销售方	名　　称：大连恒信物资经销公司 纳税人识别号： 地 址 、电 话：（略） 开户行及账号：					备注		

收款人：刘玲玲　　复核：　　开票人：白光　　销售方：（章）

第三联：发票联　购买方记账凭证

证账表 2-30

材料验收入库单

供应单位：大连恒信物资经销公司　　⑤报　账　　№0014632

发票号码：______　　2021 年 11 月 20 日　收料仓库：____　支票号码：____

类别	材料名称	规格	型号	单位	数量		实际价格		计划价格		差异金额
					购入	实收	单价	金额	单价	金额	
	甲材料	PL		千克	1 000	1 000	200	200 000			
备注					运杂费						
					总计金额						

附件　张

保管员：刘芳　　采购员：刘刚

17. 11 月 21 日王丽报销市内交通费 85 元（见证账表 2-31）。

证账表 2-31

部门＿＿＿＿＿＿＿

姓名　王丽

市内车票报销单

2021 年 11 月 21 日

月	日	办公内容	乘车路线	车票张数									合计	
				2元	1元								张数	金额
		购办公用品		30										60
		购办公用品			25									25
合计		大写：捌拾伍元零角零分												¥85.00

会计审核：孙萍　　　主管部门负责人：王治　　　领款人：王丽

18. 11 月 22 日生产车间领用甲材料 2 500 千克，乙材料 1 400 千克（见证账表 2-32）。

证账表 2-32

材料（　　）出库单

№0014381

领料部门　一车间　类别＿＿＿＿　编号＿＿＿　　2021 年 11 月 22 日

料号	品名	规格	单位	数量		单价	金额
				请领	实发		
	甲材料	PL	千克	2 500	2 500	200	50000000
	乙材料	JB	千克	1 400	1 400	120	16800000
							¥66800000
用途		生产领用（A 产品）					
供应负责人		仓库保管员	刘为	领料部门负责人	刘洋	领料人	王东

③会计核算

19. 11 月 22 日从银行提取现金 1 280 000 元，备发工资（见证账表 2-33）。

证账表 2-33

中国工商银行
现金支票存根
10209110
02215636

附加信息

出票日期 2021 年 11 月 22 日

收款人：大连北方机械制造有限公司
金　额：¥1 280 000.00
用　途：发工资

单位主管 王浩　　会计 李明

付款期限自出票之日起十天

中国工商银行 现金支票　02205636 加验密码　10209110 02215636

出票日期（大写）贰零贰壹年壹拾壹月贰拾贰日　付款行名称：工行大连分行星海支行

收款人：大连北方机械制造有限公司　出票人账号：34002223200144211166

人民币（大写）	亿	千	百	十	万	千	百	十	元	角	分
壹佰贰拾捌万元整		¥	1	2	8	0	0	0	0	0	0

用途 发工资　　密码

上列款项请从
我账户内支付
出票人签章　　复核　　记账

20. 11 月 22 日开出转账支票购买车间办公用品，金额 7 271.55 元（见证账表 2-34、证账表 2-35）。

证账表 2-34

中国工商银行
转账支票存根
10209130
07001731

附加信息

出票日期 2021 年 11 月 22 日

收款人：大连星海商场
金　额：¥7 271.55
用　途：购办公用品

单位主管 王浩　　会计 李明

付款期限自出票之日起十天

中国工商银行 转账支票　07001731 加验密码　10209130 07001731

出票日期（大写）贰零贰壹年壹拾壹月贰拾贰日　付款行名称：工行大连分行星海支行

收款人：大连星海商场　出票人账号：34002223200144211166

人民币（大写）	亿	千	百	十	万	千	百	十	元	角	分
柒仟贰佰柒拾壹元伍角伍分					¥	7	2	7	1	5	5

用途 购办公用品　　密码

上列款项请从　　行号
我账户内支付
出票人签章　　复核　　记账

证账表 2-35

大连增值税专用发票

№04883292

1242524047　　　　发　票　联　　　　开票日期：2021 年 11 月 22 日

购买方	名　　称：大连北方机械制造有限公司 纳税人识别号：91210204999020386M 地 址 、电 话：大连市沙河口区世纪路 100 号　0411-89997721 开户行及账号：中国工商银行大连分行星海支行 3400222320014421166	密码区	（略）

货物或应税劳务、服务名称	规格型号	单位	数量	单价	金额	税率	税额
笔记本		本	200	5.00	1 000.00	13%	130.00
复印纸		箱	30	181.00	5 430.00	13%	705.90
胶水		打	1	5.00	5.00	13%	0.65
合　计					¥6 435.00		¥836.55
价税合计（大写）	⊗柒仟贰佰柒拾壹元伍角伍分					（小写）	¥7 271.55

销售方	名　　称： 纳税人识别号：　　（略） 地 址 、电 话： 开户行及账号：	备注	

收款人：刘浩　　复核：　　开票人：丛丽　　销售方：（章）

第三联：发票联　购买方记账凭证

21. 11 月 22 日发放职工工资（见证账表 2-36）。

证账表 2-36

工资结算汇总表

2021 年 11 月 22 日　　　　金额单位：元

人员	工资				加班		补贴			应发工资	本月增加		本月扣除						实发工资
											医疗								
	工时	岗位工资	能绩工资	效益工资	工时	工资	工龄	交通			职工	家属	失业保险	住房公积金	养老保险	医疗保险	个人所得税	工会经费	
生产工人																			
其中：A 产品工人		350 000	100 000	50 000		150 000				650 000									
B 产品工人		200 000	50 000	80 000		20 000				350 000									
车间管理人员		120 000	40 000	20 000		20 000				200 000									
厂部管理人员		50 000	10 000	15 000		5 000				80 000									
合　计		720 000	200 000	165 000		195 000				1 280 000									

主管：王浩　　审核：孙萍　　制表：李明

22. 11 月 30 日分配本月工资（见证账表 2-37）。

证账表 2-37

工资费用分配表

2021 年 11 月 30 日　　金额单位：元

应借科目	应贷科目：应付职工薪酬			
	生产工人	车间管理人员	厂部管理人员	合　计
生产成本——A 产品	650 000			650 000
——B 产品	350 000			350 000
制造费用		200 000		200 000
管理费用			80 000	80 000
合　计	1 000 000	200 000	80 000	1 280 000

主管：王浩　　审核：孙萍　　制表：李明

23. 11 月 30 日按当月职工工资总额的 8% 提取社会保险费、4% 提取住房公积金、2% 提取工会经费（见证账表 2-38）。

证账表 2-38

社会保险、住房公积金及工会经费分配表

2021 年 11 月 30 日　　金额单位：元

应借科目	应贷科目：应付职工薪酬									
	生产工人			车间管理人员			厂部管理人员			合计
	社保	住房	工会经费	社保	住房	工会经费	社保	住房	工会经费	
生产成本——A 产品	52 000	26 000	13 000							91 000
——B 产品	28 000	14 000	7 000							49 000
制造费用				16 000	8 000	4 000				28 000
管理费用							6 400	3 200	1 600	11 200
合计	80 000	40 000	20 000	16 000	8 000	4 000	6 400	3 200	1 600	179 200

主管：王浩　　审核：孙萍　　制表：李明

24. 11 月 30 日计提固定资产折旧（见证账表 2–39）。

证账表 2–39

固定资产折旧计算单

2021 年 11 月　　　　金额单位：元

项目 / 使用部门	房屋建筑物			机器设备			运输工具			其他			合计
	原值	折旧率	折旧额	原值	折旧率	折旧额	原值	折旧率	折旧额	原值	折旧率	折旧额	
生产车间													15 565
其中：一车间			4 005			10 560			1 000				15 565
二车间													
管理部门			2 055						2 200				4 255
合　计			6 060			10 560			3 200				19 820

主管：王浩　　　　审核：孙萍　　　　制表：李明

25. 11 月 30 日分配结转制造费用（见证账表 2–40）。

证账表 2–40

制造费用分配表

2021 年 11 月 30 日　　　　金额单位：元

产品名称	分配标准	分配率（%）	分配金额
A 产品	650 000	25	162 500
B 产品	350 000	25	87 500
合　计	1 000 000		250 000

主管：王浩　　　　审核：孙萍　　　　制表：李明

26. 11月30日产品（A、B产品）完工入库（见证账表2-41（A）、记账表2-41（B）、证账表2-42）。

证账表2-41（A）

生产车间

产品成本计算单

2021年11月

产品名称	A产品	规格		工时
本期产量	850	单位	件	

成本项目	单位	期初在产		本期发生		本期在产		本期完工产品成本				
		在产量		数量		在产品		总成本		单位成本		
				废品量		在产率	（%）					
		耗用量	金额	耗用量	金额	数量	金额	耗用量	金额	耗用量	单价	金额
直接材料									516 000			607
直接人工									684 000			805
制造费用									160 000			188
制造成本									1 360 000			1 600

财务科长：王浩　　　　车间主任：刘闯　　　　成本员：王倩

证账表2-41（B）

生产车间

产品成本计算单

2021年11月

产品名称	B产品	规格		工时
本期产量	1 280	单位	件	

成本项目	单位	期初在产		本期发生		本期在产		本期完工产品成本				
		在产量		数量		在产品		总成本		单位成本		
				废品量		在产率	（%）					
		耗用量	金额	耗用量	金额	数量	金额	耗用量	金额	耗用量	单价	金额
直接材料									85 000			66
直接人工									364 800			285
制造费用									62 200			49
制造成本									512 000			400

财务科长：王浩　　　　车间主任：刘闯　　　　成本员：王倩

证账表 2-42

完工产品入库单

物资类别：成品　　2021 年 11 月 30 日　　编号：00138

交货单位或部门	生产车间		生产单号码		验收仓库		
名称及规格	计量单位	数量		实际成本			
		应交	实收	单价	金额	杂费	合计
A 产品	件	850	850	1 600	1 360 000		
B 产品	件	1 280	1 280	400	512 000		
合计					1 872 000		
检验结果	合格						
备注							

记账：白杰　　验收：刘贵　　仓库：刘为　　交货：李铁

27. 11 月 30 日结转销售产品成本（见证账表 2-43）。

证账表 2-43

销售商品成本计算表

2021 年 11 月　　金额单位：元

开票日期	发票号码	购货单位	销售成本	开票日期	发票号码	购货单位	销售成本
11 月 10 日		本溪钢管厂	864 000				
11 月 16 日		大连海源商场	400 000				
合计			1 264 000				

主管：王浩　　审核：孙萍　　制表：李明

28. 11月30日计算本月销售产品的城市维护建设税及教育费附加（见证账表2-44）。

证账表2-44

城市维护建设税及教育费附加计算表

2021年11月30日　　金额单位：元

税目	计税金额	税率（%）	应交金额
城市维护建设税	246 000	7	17 220
教育费附加	246 000	3	7 380
合计			24 600

主管：王浩　　审核：孙萍　　制表：李明

29. 11月30日计提本月短期借款利息（见证账表2-45）。

证账表2-45

计提利息费用表

2021年11月30日　　金额单位：元

月份	借款金额	年利率（%）	季度预计利息	本月应提金额
11	2 500 000	6	37 500	12 500

主管：王浩　　审核：孙萍　　制表：李明

30. 11月30日结转本月各项收入和费用（损益类账户）（见证账表2-46）。

证账表2-46

损益类账户发生额表

2021年11月　　金额单位：元

账户名称	借方发生额	贷方发生额	净发生额
主营业务收入		2 420 000	
主营业务成本	1 264 000		
税金及附加	24 600		
管理费用	100 000		
财务费用	12 500		
合计	1 401 100	2 420 000	

主管：王浩　　审核：孙萍　　制表：李明

〔实训要求〕

一、正确填制并严格审核原始凭证

原始凭证是在经济业务发生或完成时取得或填制，对经济业务起证明作用的书面证明文件。经办业务人员首先要审核经济业务的内容，经审核无误后才能据以填制原始凭证。不同性质的经济业务，应填制不同的原始凭证，凡是有全国统一规定标准格式的，都应当填制标准格式的原始凭证；没有标准格式的，也应采用本部门、本地区、本行业或本企业所规定的标准格式的原始凭证。例如，凭证名称、填制日期、接受凭证单位、经济业务内容摘要、实物数量和金额、填制单位、填制人员、经办人的签字盖章等原始凭证的基本要素都要填写齐全，不得漏填和错填；原始凭证一律使用蓝、黑墨水笔填制或书写，如有书写错误，应作废或用正确方法予以更正。填制完毕的原始凭证既要真实地反映所发生的经济业务，又要按照规定的时间填写，而且手续要完备、齐全。

对填制完成的原始凭证，应进行全面、认真的审核。审核原始凭证反映的经济业务是否合法、合理，是否真实准确，还要审核原始凭证内容是否完整、填制手续是否符合规定要求等。

二、正确编制记账凭证

会计人员应根据审核无误的原始凭证编制记账凭证。编制记账凭证时，要求内容完整、项目齐全。例如，记账凭证的编制日期、内容摘要、会计科目（包括明细科目）、金额、编号、附件、经办人员、责任人员的签字或盖章等都要填列齐全，不得漏填或错填；取得或填制原始凭证后，应及时据以编制记账凭证。对于现金和银行存款之间相互转划的经济业务，以付款凭证为主，即只编制付款凭证，不再编制收款凭证。

〔实训步骤〕

一、熟悉模拟企业的经济业务

对原始凭证进行审核之前，首先要熟悉经济业务，了解经济业务的性质、内容和范围。

二、审核原始凭证

根据现行政策、法规、制度，对模拟企业的经济业务进行审核，以确定原始凭证所反映经济业务的合法性、合理性、合规性和真实性。

三、对审核后的原始凭证进行处理

审核后，对于合法、合理、合规和正确的原始凭证，应按照规定及时办理会计手续；对业务真实但不符合要求的原始凭证，应指明存在的问题，予以退回重新办理；对业务真实但缺少必备手续的原始凭证，应要求把手续补办齐全后再予以办理；对不合法、不合理和不真实的原始凭证，应指出错误，拒绝接受办理。

四、分析经济业务，编制记账凭证

对审核无误的原始凭证，按照规定的会计科目，根据复式记账的要求，编制借贷式复式记账凭证。

五、审核记账凭证

审核记账凭证的内容和所附（依据）原始凭证的内容是否一致；审核记账凭证会计科目运用是否正确；审核记账凭证项目填列是否齐全，有关人员是否签章等。

〔实训思考〕

一、为什么要熟悉经济业务？

二、什么是原始凭证？

三、原始凭证必须具备哪些基本要素？

四、原始凭证上为什么要求有关人员签字或盖章？

五、为什么原始凭证上大小写金额应保持一致？

六、如何书写原始凭证？

七、进行会计核算为什么要取得或填制原始凭证？

八、根据什么规范审核原始凭证？

九、如何审核原始凭证？

十、哪些原始凭证应拒绝办理？

十一、哪些原始凭证应退回补正？

十二、审核原始凭证的方法有哪些？

十三、为什么要编制记账凭证？

十四、根据什么编制记账凭证？

十五、如何编制记账凭证？

十六、记账凭证有哪些种类？

十七、如何编制货币资金之间相互划转的专用记账凭证？

十八、如何为记账凭证排序编号？

十九、为什么要审核记账凭证？

二十、怎样审核记账凭证?

二十一、制造业企业供应过程包括哪些主要经济业务?

二十二、制造业企业生产过程包括哪些主要经济业务?

二十三、制造业企业销售过程包括哪些主要经济业务?

二十四、如何计算材料采购成本?

二十五、如何计算产品生产成本?

二十六、如何计算产品销售成本?

二十七、如何分配间接费用?

二十八、怎样编写实训一的实训报告?

〔实训提示〕

一、本实训涵盖企业生产经营全过程，在进行实训之前操作人员首先应对企业生产经营过程中供应、生产、销售各环节的经济业务及其相互关系有所了解。

二、企业的生产经营活动是连续进行的，2021 年 10 月的科目余额表和有关明细账的账户余额是 11 月结账时有关科目账户余额的计算基础。

三、在编制记账凭证时，应根据经济业务正确选择记账凭证，凡是涉及现金和银行存款的经济业务应选择收付款记账凭证，不涉及现金和银行存款的经济业务应选择转账凭证。

四、编制好的记账凭证应按业务发生的时间顺序编号，以便于汇总、登账和装订保管。

/实训二　编制汇总记账凭证

〔实训目的〕

通过对制造业企业供应过程、生产过程和销售过程的核算，在编制记账凭证的基础上，编制汇总记账凭证，借以掌握根据记账凭证编制汇总记账凭证的方法。

〔实训资料〕

大连北方机械制造有限公司 2021 年 11 月末结账后有关账户余额资料如下：

一、总分类账户余额（见表 2-6）

表 2-6

账户（科目）余额表

2021 年 11 月 30 日　　　　金额单位：元

账户名称	借方余额	贷方余额
库存现金	8 205	
银行存款	3 923 393	
应收账款	4 005 300	
其他应收款	24 000	
原材料	6 490 960	
库存商品	5 850 800	
固定资产	28 736 000	
累计折旧		8 717 820
生产成本	525 620	
预付账款	650 720	
短期借款		3 000 000
应付票据		100 000
应付账款		3 384 000
预收账款		300 000
其他应付款		60 300
应付职工薪酬		299 200
应交税费		68 278
应付利息		100 500
实收资本		20 000 000
资本公积		400 000
盈余公积		706 000
本年利润		13 078 900
合　计	50 214 998	50 214 998

二、2021 年 11 月 30 日大连北方机械制造有限公司结账后有关明细账账户余额资料

1. "原材料""库存商品"明细账账户（见表 2-7）。

表 2-7　**"原材料""库存商品"明细账账户余额表**　金额单位：元

总分类账户	明细分类账户	账页格式	计量单位	数　量	单位成本	金　额
原材料	甲材料	数量金额式	千克	17 540	200	3 508 000
	乙材料	数量金额式	千克	24 858	120	2 982 960
	合　计	—	—	—	—	6 490 960
库存商品	A 产品	数量金额式	件	2 610	1 600	4 176 000
	B 产品	数量金额式	件	4 187	400	1 674 800
	合　计	—	—	—	—	5 850 800

2. "生产成本"明细账账户（见表 2-8）。

表 2-8　**"生产成本"明细账账户余额表**　金额单位：元

明细账户	成本项目			
	直接材料	直接人工	制造费用	合　计
A 产品	88 600	265 520	45 000	399 120
B 产品	17 500	85 080	23 920	126 500
合　计	106 100	350 600	68 920	525 620

3. 其他明细账账户（见表 2-9）。

表 2-9　**其他明细账账户余额表**　金额单位：元

总分类账户	明细分类账户	11 月 30 日余额	
		借　方	贷　方
应收账款			
	合　计	4 005 300	
预付账款			
	合　计	650 720	
其他应收款			
	合　计	24 000	
应付账款			
	合　计		3 384 000
预收账款			
	合　计		300 000
其他应付款			
	合　计		60 300

三、大连北方机械制造有限公司 2021 年 12 月份发生的经济业务

1．12 月 1 日，将超额库存现金 1 500 元送存银行（见证账表 2-47）。

证账表 2-47

ICBC 中国工商银行　现金存款凭条

日期：2021 年 12 月 1 日

存款人	全　称	大连北方机械制造有限公司		
	账　号	3400222320014421166	款项来源	贷款
	开户行	中国工商银行大连分行星海支行	交款人	曲华

金额（大写）壹仟伍佰元整	金额（小写）	亿	千	百	十	万	千	百	十	元	角	分
						¥	1	5	0	0	0	0

票面	张数	十	万	千	百	十	元	票面	张数	千	百	十	元	角	分	备注
壹佰元	15			1	5	0	0	伍　角								
伍拾元								贰　角								
贰拾元								壹　角								
拾　元								伍　分								
伍　元								贰　分								
贰　元								壹　分								
壹　元								其　他								

第二联　客户核对联

2．12 月 2 日，从沈阳凌风物贸公司购入甲材料 2 000 千克，单价 200 元/千克，用汇款方式支付货款，材料经验收入库（见证账表 2-48、证账表 2-49、证账表 2-50）。

证账表2-48

ICBC 中国工商银行　01550281

业务委托书 APPLICATION FOR MONEY TRANSFER　大B 01550281

委托日期 Date 2021年12月2日

业务类型 Type	□现金汇款 Cash Remittance　☑转账汇款 Transfer Remittance　□汇票申请书 D/D　□本票申请书 P/D　□其他 Others				
委托人 Principal	全称 Full Name	大连北方机械制造有限公司	收款人 Payee	全称 Full Name	沈阳凌风物贸公司
	账号或地址 Account No. or Addr.	3400222320014421166		账号或地址 Account No. or Addr.	（略）
	开户行名称 Account Bank Name	中国工商银行大连分行星海支行		开户行名称 Account Bank Name	招商银行沈阳分行
汇款方式 Type of Remittance	☑普通 Regular　□加急 Urgent　加急汇款签字 Signature For Urgent Payment			开户银行 Account Bank	辽宁 省 Province 沈阳 市 City
币种及金额（大写） Currency and Amount in Words	肆拾伍万贰仟元整				亿 千 百 十 万 千 百 十 元 角 分 ¥ 4 5 2 0 0 0 0 0
用途 In Payment of				支付密码 S.C.	

委托人确认上列委托信息填写正确，且已完全理解和接受背面“客户须知”的内容。上列款项及相关费用请从委托人账户内支付。
The above information has been confirmed correctly.The notice has been fully understood and accepted.The above remittance and related charges will be drawn from the referent account.

加验密码

委托人签章 Principal Signature and/or Stamp

银行填写 Bank Use	□联动收费　□非联动收费　□不收费	备注： Remarks	

受理（扫描）：　　　　审核：

ICBC 中国工商银行　业务委托书 APPLICATION FOR MONEY TRANSFER　回执 ACKNOMLEOREAENI

大B 01550281

委托人全称 Name of Principal	大连北方机械制造有限公司
委托人账号 A/C of Principal	3400222320014421166
收款人全称 Name of Payee	
收款人账号 A/C of Payee	
金额 Amount	
委托日期 Date	

此联为银行受理通知书。若委托人申请汇票或本票业务，应凭此联领取汇票或本票。
This paper is the bank acceptance advice. For draft or promissory note application, please return this paper.

证账表 2-49

辽宁增值税专用发票

№01704852

2182051170　　发　票　联　　开票日期：2021 年 12 月 2 日

购买方	名　　称：大连北方机械制造有限公司 纳税人识别号：91210204999020386M 地 址 、电 话：大连市沙河口区世纪路 100 号　0411-89997721 开户行及账号：中国工商银行大连分行星海支行 3400222320014421166					密码区	（略）
货物或应税劳务、服务名称	规格型号	单位	数量	单价	金额	税率	税额
甲材料	PL	千克	2 000	200. 00	400 000. 00	13%	52 000. 00
合　计					¥400 000. 00		¥52 000 000
价税合计（大写）	⊗肆拾伍万贰仟元整					（小写）	¥452 000. 00
销售方	名　　称：沈阳凌风物贸公司 纳税人识别号： 地 址 、电 话：　　（略） 开户行及账号：招商银行沈阳分行					备注	

收款人：丁强　　复核：　　开票人：李渺　　销售方：（章）

第三联：发票联　购买方记账凭证

证账表 2-50

供应单位：沈阳凌风物贸公司　　**材料验收入库单**　⑤报　账　　№0014636

发票号码：________　　2021 年 12 月 2 日　　收料仓库：______　支票号码：______

类别	材料名称	规格	型号	单位	数量		实际价格		计划价格		差异金额
					购　入	实　收	单　价	金　额	单　价	金　额	
	甲材料	PL		千克	2 000	2 000	200	400 000			
备注					运杂费						
					总计金额						

附件　张

保管员：刘为　　采购员：王毅

3. 12 月 2 日，从鞍山钢铁公司购入乙材料 800 千克，单价 120 元/千克，款项暂欠，材料经验收入库（见证账表 2-51、证账表 2-52）。

证账表 2-51

辽宁增值税专用发票 №01841852

2107051170　　发　票　联　　开票日期：2021 年 12 月 2 日

购买方	名　　称：大连北方机械制造有限公司 纳税人识别号：91210204999020386M 地 址 、电 话：大连市沙河口区世纪路 100 号　0411-89997721 开户行及账号：中国工商银行大连分行星海支行 3400222320014421166				密码区	（略）	
货物或应税劳务、服务名称	规格型号	单位	数量	单价	金额	税率	税额
乙材料	JB	千克	800	120.00	96 000.00	13%	12 480.00
合　计					¥96 000.00		¥12 480.00
价税合计（大写）	⊗壹拾万捌仟肆佰捌拾元整				（小写）¥108 480.00		
销售方	名　　称：鞍山钢铁公司 纳税人识别号： 地 址 、电 话：（略） 开户行及账号：				备注		

收款人：孙红　　复核：　　开票人：马飞　　销售方：（章）

第三联：发票联　购买方记账凭证

证账表 2-52

供应单位：鞍山钢铁公司　**材料验收入库单** ⑤报　账　№0014637

发票号码：＿＿＿＿　2021 年 12 月 2 日　收料仓库：＿＿＿　支票号码：＿＿＿

类别	材料名称	规格	型号	单位	数量		实际价格		计划价格		差异金额
					购　入	实　收	单　价	金　额	单　价	金　额	
	乙材料	JB		千克	800	800	120	96 000			
备注					运杂费						
					总计金额						

附件　张

保管员：刘为　　采购员：王毅

4. 12 月 3 日，采购员王毅出差预借差旅费 3 000 元，开出现金支票（见证账表 2-53、证账表 2-54）。

证账表 2-53

借　　据（记账）

辽财会账证 48 号

大连市财政局 ★ 检印

2021 年 12 月 3 日

<table>
<tr><td rowspan="2">借款单位</td><td rowspan="2">※ 采购部</td><td rowspan="2">姓名</td><td rowspan="2">※ 王毅</td><td rowspan="2">级别</td><td rowspan="2">※</td><td>出差地点</td><td colspan="2">※ 鞍山钢铁公司</td></tr>
<tr><td>天　　数</td><td colspan="2">※</td></tr>
<tr><td>事由</td><td colspan="3">※ 订货</td><td>借款金额（大写）</td><td colspan="4">※ 叁仟元整　　¥3 000.00</td></tr>
<tr><td>部　门 负责人 签　章</td><td></td><td>借款人 签　章</td><td colspan="2"></td><td>注意事项</td><td colspan="3">一、有※者由借款人填写
二、凡借用公款必须使用本单
三、第三联为正式借据，由借款人和部门负责人签章
四、出差返回后三日内结算</td></tr>
<tr><td>单位领导或授权人批　示</td><td></td><td>审核意见</td><td colspan="6"></td></tr>
</table>

证账表 2-54

中国工商银行
现金支票存根
10209110
02205639

附加信息

出票日期 2021 年 12 月 3 日

收款人：	王毅
金　额：	¥3 000.00
用　途：	差旅费

单位主管 王　浩　　会计 李　明

5. 12 月 3 日，开出现金支票提取现金备用，金额 5 000 元（见证账表 2-55）。

证账表 2-55

中国工商银行 现金支票存根 10209110 02205644
附加信息
出票日期 2021 年 12 月 3 日
收款人：大连北方机械制造有限公司
金　额：¥5 000.00
用　途：备金用
单位主管 王　浩　　会计 李　明

6. 12 月 4 日，从大连通用机械设备厂购入新设备一套，用转账支票支付买价、增值税及运杂费，设备价款 1 380 000 元，增值税 179 400 元，运费 24 634 元，该设备投入安装（见证账表 2-56、证账表 2-57、证账表 2-58、证账表 2-59）。

证账表 2-56　　大连增值税专用发票　　№02103639

2102651170　　发　票　联　　开票日期：2021 年 12 月 4 日

购买方	名　称：大连北方机械制造有限公司 纳税人识别号：91210204999020386M 地 址 、电 话：大连市沙河口区世纪路 100 号　0411-89997721 开户行及账号：中国工商银行大连分行星海支行 340022232001442l166				密码区	（略）	
货物或应税劳务、服务名称	规格型号	单位	数量	单价	金额	税率	税额
设　备	P6170	套	1	1 380 000.00	1 380 000.00	13%	179 400.00
合　计					¥1 380 000.00		¥179 400.00
价税合计（大写）	⊗壹佰伍拾伍万玖仟肆佰元整					（小写）¥1 559 400.00	
销售方	名　称：大连通用机械设备厂 纳税人识别号： 地 址 、电 话：　　（略） 开户行及账号：				备注		

第三联：发票联　购买方记账凭证

收款人：钱满　　复核：　　开票人：赵琳　　销售方：（章）

证账表 2-57

中国工商银行 转账支票存根 10209130 07001732
附加信息
出票日期 2021 年 12 月 4 日
收款人：大连通用机械设备厂
金　额：¥1 559 400.00
用　途：设备款
单位主管 王　浩　会计 李　明

证账表 2-58

大连增值税专用发票

№00683520

2102551170　　发　票　联　　开票日期：2021 年 12 月 4 日

购买方	名　　称：大连北方机械制造有限公司 纳税人识别号：91210204999020386M 地 址 、电 话：大连市沙河口区世纪路 100 号　0411-89997721 开户行及账号：中国工商银行大连分行星海支行 3400222320014421166					密码区	（略）
货物或应税劳务、服务名称	规格型号	单位	数量	单价	金额	税率	税额
运费	P6170		1	22 600.00	22 600.00	9%	2 034.00
合　计					¥22 600.00		¥2 034.00
价税合计（大写）	⊗贰万肆仟陆佰叁拾肆元整					（小写）¥24 634.00	
销售方	名　　称： 纳税人识别号： 地 址 、电 话： 开户行及账号：　　（略）					备注	

收款人：钱满　　复核：　　开票人：赵琳　　销售方：（章）

第三联：发票联　购买方记账凭证

证账表 2-59

中国工商银行 转账支票存根 10209130 07001733
附加信息
出票日期 2021 年 12 月 4 日
收款人：大连通达运输公司
金 额：¥24 634.00
用 途：运费
单位主管 王 浩 会计 李 明

7. 12 月 4 日，公司用现金 904 元购买行政所需办公用品（见证账表 2-60）。

证账表 2-60

大连增值税专用发票 №04883282

2102054170 发 票 联 开票日期：2021 年 12 月 4 日

<table>
<tr><td rowspan="4">购买方</td><td colspan="6">名 称：大连北方机械制造有限公司
纳税人识别号：91210204999020386M
地 址 、电 话：大连市沙河口区世纪路 100 号 0411-89997721
开户行及账号：中国工商银行大连分行星海支行
3400222320014421166</td><td>密码区</td><td>（略）</td></tr>
</table>

货物或应税劳务、服务名称	规格型号	单位	数量	单价	金额	税率	税额
打印纸	3-1	包	50	16.00	800.00	13%	104.00
合 计					¥800.00		¥104.00
价税合计（大写）	⊗玖佰零肆元整				（小写）¥904.00		

销售方	名 称： 纳税人识别号： 地 址 、电 话： 开户行及账号：	（略）	备注	

收款人：杨丽 复核： 开票人：王丹 销售方：（章）

第三联：发票联 购买方记账凭证

8. 12 月 5 日，一车间领用甲材料 7 200 千克，用于生产 A 产品（见证账表 2-61）。

证账表 2-61

材料（　　）出库单　　№0014360

领料部门 一车间 类别 A产品 编号______　　2021 年 12 月 5 日

料号	品名	规格	单位	数量		单价	金额
				请领	实发		
3—81	甲材料	PL	千克	7 200	7 200	200	1 4 4 0 0 0 0 0 0
							1 4 4 0 0 0 0 0 0
用途	A产品						

供应负责人		仓库保管员	刘为	领料部门负责人	王贵民	领料人	刘楷

③会计核算

9. 12月5日，二车间领用乙材料10 500千克，用于生产B产品（见证账表2-62）。

证账表 2-62

材料（　　）出库单　　№0014361

领料部门 二车间 类别 B产品 编号______　　2021 年 12 月 5 日

料号	品名	规格	单位	数量		单价	金额
				请领	实发		
4—30	乙材料	JB	千克	10 500	10 500	120	1 2 6 0 0 0 0 0 0
							1 2 6 0 0 0 0 0 0
用途	B产品						

供应负责人		仓库保管员	刘为	领料部门负责人	王贵民	领料人	刘楷

③会计核算

10. 12月8日，向通达机电安装公司开出转账支票支付新设备安装费46 800元（见证账表2-63）。

证账表 2-63

中国工商银行
转账支票存根
10209130
07001734

附加信息

出票日期 2021 年 12 月 8 日

收款人：	通达机电安装公司
金　额：	¥46 800.00
用　途：	安装费

单位主管 王　浩　会计 李　明

11. 12 月 8 日，新设备安装完毕，交付二车间使用（见证账表 2-64）。

证账表 2-64

固定资产验收单

2021 年 12 月 8 日　　编号：

名　称	规格型号	来　源		数　量	购（造）价		使用年限	预计残值
设　备	P6170	购入		1	1 380 000		10	
运杂费	总造价	建造单位			交工日期		附　件	
22 600	1 449 400	大连通用机械设备厂			2021 年 12 月 8 日			
验收部门	设备科	验收人员	白光	管理部门	二车间		管理人员	王佳才
备　注								

12. 12 月 10 日，职工罗英报销医药费 1 580 元，支付现金（假设该单位未实行医疗保险）（见证账表 2-65）。

证账表 2-65

大连市妇幼保健院
门诊结算费用清单

门诊号： 0508217　　姓名： 罗英

发票号： 1503629364　　发票金额： 1 580.00

结算日期： 2021/12/10　　打印日期： 2021/12/10

项目名称	单价	数量	单位	金额
2021/12/10	1 580.00	1	次	1 580.00
			总计：	1 580.00

温馨提示：本清单请妥善保管，丢失不补

13. 12 月 11 日，收到银行转来的电费付款通知，金额 9 040 元（见证账表 2-66、证账表 2-67、证账表 2-68）。

证账表 2-66

大连增值税专用发票　　№03512185

2102051370　　发　票　联　　开票日期：2021 年 12 月 10 日

购买方	名　　称：大连北方机械制造有限公司 纳税人识别号：91210204999020386M 地 址 、电 话：大连市沙河口区世纪路 100 号　0411-89997721 开户行及账号：中国工商银行大连分行星海支行 340022232001442116				密码区	（略）	
货物或应税劳务、服务名称	规格型号	单位	数量	单价	金额	税率	税额
电费					8 000.00	13%	1 040.00
合　计					¥8 000.00		¥1 040.00
价税合计（大写）	⊗玖仟零肆拾元整					（小写）¥9 040.00	
销售方	名　　称： 纳税人识别号： 地 址 、电 话： 开户行及账号：（略）				备注		

收款人：　　复核：　　开票人：　　销售方：（章）

第三联：发票联　购买方记账凭证

证账表 2-67

ICBC 中国工商银行　　托收凭证（付款通知）　5

委托日期　2021 年 12 月 10 日

<table>
<tr><td>业务类型</td><td colspan="8">委托收款（□邮划、□电划）　　托收承付（□邮划、□电划）</td></tr>
<tr><td rowspan="3">付款人</td><td>全　称</td><td colspan="3">大连北方机械制造有限公司</td><td rowspan="3">收款人</td><td>全　称</td><td colspan="2">大连市供电局</td></tr>
<tr><td>账　号</td><td colspan="3">3400222320014421166</td><td>账　号</td><td colspan="2">（略）</td></tr>
<tr><td>地　址</td><td>辽宁省大连 市/县</td><td>开户行</td><td>中国工商银行大连分行星海支行</td><td>地　址</td><td>辽宁省大连 市/县</td><td>开户行 中国工商银行天津街分理处</td></tr>
<tr><td>金额</td><td colspan="4">人民币（大写）玖仟零肆拾元整</td><td colspan="4">亿 千 百 十 万 千 百 十 元 角 分
¥ 9 0 4 0 0 0</td></tr>
<tr><td colspan="2">款项内容</td><td>电费</td><td>托收凭据名称</td><td colspan="2">协议 63</td><td>附寄单证张数</td><td colspan="2"></td></tr>
<tr><td colspan="2">商品发运情况</td><td colspan="3"></td><td>合同名称号码</td><td colspan="3"></td></tr>
<tr><td colspan="3">备注：　电划
付款人开户银行收到日期：
年　月　日
复核　　记账</td><td colspan="3">付款人开户银行签章
2021 年 12 月 10 日</td><td colspan="3">付款人注意：
1. 根据支付结算办法，上列委托收款（托收承付）款项在付款期限内未提出拒付，即视为同意付款，以此代付款通知。
2. 如需提出全部或部分拒付，应在规定期限内，将拒付理由书并附债务证明退交开户银行。</td></tr>
</table>

此联作付款人开户银行给付款人按期付款通知

证账表 2-68

电　费　分　配　表

2021 年 12 月 11 日　　金额单位：元

应借科目	项目	生产用电 用电度数	生产用电 分配金额	管理用电 用电度数	管理用电 分配金额
生产成本	A 产品				
	B 产品				
制造费用	一车间		3 500		
	二车间		2 300		
管理费用					2 200
合　计			5 800		2 200

主管：王浩　　审核：孙萍　　制表：李明

14. 12 月 13 日，接到银行付款通知，本月电话费 7 085 元（见证账表 2-69、证账表 2-70）。

证账表 2-69

大连增值税专用发票

№0527490

2102051120　　发　票　联　　开票日期：2021 年 12 月 13 日

购买方	名　　称：大连北方机械制造有限公司 纳税人识别号：91210204999020386M 地 址 、电 话：大连市沙河口区世纪路 100 号　0411-89997721 开户行及账号：中国工商银行大连分行星海支行 3400222320014421166				密码区	（略）	
货物或应税劳务、服务名称	规格型号	单位	数量	单价	金额	税率	税额
国内长途					6 500. 00	9%	585. 00
合　计					¥6 500. 00		¥585. 00
价税合计（大写）	⊗柒仟零捌拾伍元整					（小写）¥7 085. 00	
销售方	名　　称：辽宁省电信公司大连市分公司 纳税人识别号： 地 址 、电 话：（略） 开户行及账号：				备注		

收款人：　　复核：　　开票人：　　销售方：（章）

第三联：发票联　购买方记账凭证

证账表 2-70

ICBC 中国工商银行　**托收凭证**（付款通知）5

委托日期 2021 年 12 月 13 日

业务类型	委托收款（□邮划、□电划）　托收承付（□邮划、□电划）						
付款人	全　称	大连北方机械制造有限公司		收款人	全　称	辽宁省电信公司大连市分公司	
	账　号	3400222320014421166			账　号	（略）	
	地　址	辽宁省大连 市/县	开户行：中国工商银行大连分行星海支行		地　址	辽宁省大连 市/县	开户行：中国工商银行天津街分理处
金额	人民币（大写）	柒仟零捌拾伍元整				亿千百十万千百十元角分	¥708500
款项内容	电话费	托收凭据名称	协议 15		附寄单证张数		
商品发运情况				合同名称号码			
备注：电划 付款人开户银行收到日期： 年　月　日 复核　记账		付款人开户银行签章 2021 年 12 月 13 日		付款人注意： 1. 根据支付结算办法，上列委托收款（托收承付）款项在付款期限内未提出拒付，即视为同意付款，以此代付款通知。 2. 如需提出全部或部分拒付，应在规定期限内，将拒付理由书并附债务证明退交开户银行。			

此联作付款人开户银行给付款人按期付款通知

15. 12 月 14 日，开出转账支票支付办公用品费 4 068 元（见证账表 2-71、证账表 2-72）。

证账表 2-71

大连增值税专用发票 №00103523

2102051171　　发　票　联　　开票日期：2021 年 12 月 14 日

购买方	名　　称：大连北方机械制造有限公司 纳税人识别号：91210204999020386M 地 址 、电 话：大连市沙河口区世纪路 100 号　0411-89997721 开户行及账号：中国工商银行大连分行星海支行 34002223200014421166				密码区	（略）	
货物或应税劳务、服务名称	规格型号	单位	数量	单价	金额	税率	税额
纸		包	100	24.00	2 400.00	13%	312.00
笔		盒	120	10.00	1 200.00	13%	156.00
合　计					¥3 600.00		¥468.00
价税合计（大写）	⊗肆仟零陆拾捌元整					（小写）¥4 068.00	
销售方	名　　称： 纳税人识别号： 地 址 、电 话： 开户行及账号：　（略）				备注		

收款人：刘东　　复核：　　开票人：辛庆　　销售方：（章）

第三联：发票联　购买方记账凭证

证账表 2-72

中国工商银行
转账支票存根
10209130
07000740

附加信息

出票日期 2021 年 12 月 14 日

收款人：	大连解放广场邮政支局
金　额：	¥4 068.00
用　途：	购办公用品

单位主管王　浩　会计李　明

16. 12 月 15 日，提取现金 1 650 000 元，备发工资（见证账表 2-73）。

证账表 2-73

中国工商银行

现金支票存根

10209110

02207634

附加信息

出票日期 2021 年 12 月 15 日

收款人：	大连北方机械制造有限公司
金　额：	¥1 650 000. 00
用　途：	工资款

单位主管 王　浩　　会计 李　明

17. 12 月 15 日，根据工资汇总表发放工资（见证账表 2-74）。

证账表 2-74

工资结算汇总表

2021 年 12 月 15 日　　金额单位：元

人员	工资				加班		补贴			应发工资	本月扣除						实发工资
	工时	岗位工资	能绩工资	效益工资	工时	工资	工龄	交通	（略）		失业保险	住房公积金	养老保险	医疗保险	个人所得税	工会经费	
生产工人																	
其中：A 产品工人																	
B 产品工人																	
车间管理人员																	
行政管理人员																	
合计																	1 650 000

主管：王浩　　审核：孙萍　　制表：李明

18. 12 月 16 日，以 3 000 元/件的价格销售 A 产品 1 500 件给本市大地公司，收到客户支票一张，送存银行（见证账表 2-75、证账表 2-76、证账表 2-77）。

证账表 2-75

大连增值税专用发票

№00198839

2182057178　此联不作报销、扣税凭证使用　开票日期：2021 年 12 月 16 日

购买方	名　　称：大连大地公司 纳税人识别号：（略） 地址、电话： 开户行及账号：				密码区	（略）	
货物或应税劳务、服务名称	规格型号	单位	数量	单价	金额	税率	税额
A 产品	ZY	件	1 500	3 000.00	4 500 000.00	13%	585 000.00
合　计					¥4 500 000.00		¥585 000.00
价税合计（大写）	⊗伍佰零捌万伍仟元整				（小写）¥5 085 000.00		
销售方	名　　称：大连北方机械制造有限公司 纳税人识别号：91210204999020386M 地址、电话：大连市沙河口区世纪路 100 号　0411-89997721 开户行及账号：中国工商银行大连分行星海支行 3400222320014421166				备注		

收款人：曲华　　复核：孙萍　　开票人：于艳　　销售方：（章）

第一联：记账联　销售方记账凭证

证账表 2-76

ICBC 中国工商银行　进账单（收账通知）　3

2021 年 12 月 16 日

出票人	全　　称	大连大地公司	收款人	全　　称	大连北方机械制造有限公司
	账　　号	（略）		账　　号	3400222320014421166
	开户银行	（略）		开户银行	中国工商银行大连分行星海支行
金额	人民币（大写）	伍佰零捌万伍仟元整		亿千百十万千百十元角分	¥ 5 0 8 5 0 0 0 0 0
票据种类		票据张数			
票据号码					
	复核　　记账			收款人开户银行签章	

此联是开户银行交给收款人的收账通知

证账表 2-77

商品出库单

2021 年 12 月 16 日

购货单位	大连大地公司			提货单号		34523		发票号	
货号	名称	规格型号	单位	数量		进货成本		提货方式	
				发票	实付	单价	金额		
315	A 产品	ZY	件	1 500	1 500	3 000	4 500 000	自提	
备注									

三 财会联

仓库负责人：陆林　　保管员：刘为　　提货人：王晓

19. 12 月 18 日，以 1 600 元/件的价格销售 B 产品 2 000 件给广州好利公司，款未收，办妥托收手续（见证账表 2-78、证账表 2-79、证账表 2-80）。

证账表 2-78

大连增值税专用发票 №00103189

2102987170　此联不作报销、扣税凭证使用　开票日期：2021 年 12 月 18 日

购买方	名称：广州好利公司 纳税人识别号： 地址、电话：（略） 开户行及账号：						密码区	（略）
货物或应税劳务、服务名称	规格型号	单位	数量	单价	金额	税率	税额	
B 产品	KB	件	2 000	1 600.00	3 200 000.00	13%	416 000.00	
合计					¥3 200 000.00		¥416 000.00	
价税合计（大写）	⊗叁佰陆拾壹万陆仟元整				（小写）¥3 616 000.00			
销售方	名称：大连北方机械制造有限公司 纳税人识别号：91210204999020386M 地址、电话：大连市沙河口区世纪路 100 号　0411-89997721 开户行及账号：中国工商银行大连分行星海支行 340022232001442116 6						备注	

第一联：记账联　销售方记账凭证

收款人：曲华　　复核：孙萍　　开票人：于艳　　销售方：（章）

证账表 2-79

商品出库单

2021 年 12 月 18 日

购货单位	广州好利公司			提货单号		34524		发票号		
货号	名称	规格型号	单位	数量		进货成本		提货方式		三 财会联
				发票	实付	单价	金额			
325	B 产品	KB	件	2 000	2 000	1 600	3 200 000	自提		
备注										

仓库负责人：陆林　　保管员：刘为　　提货人：郭敏杨

证账表 2-80

ICBC 中国工商银行　　**托收凭证**（受理回单）
1

委托日期 2021 年 12 月 18 日

业务类型	委托收款（□邮划、□电划）　托收承付（□邮划、□电划）				
付款人 全称	广州好利公司		收款人 全称	大连北方机械制造有限公司	
付款人 账号	（略）		收款人 账号	3400222320014421166	
付款人 地址	省 市/县	开户行：略	收款人 地址	辽宁省大连 市/县	开户行：中国工商银行大连分行星海支行
金额 人民币（大写）	叁佰陆拾壹万陆仟元整			亿千百十万千百十元角分	¥361600000
款项内容		托收凭据名称		附寄单证张数	
商品发运情况	已发货		合同名称号码		
备注：电划 复核　记账	款项收妥日期 年　月　日		收款人开户银行签章 年　月　日		

此联作收款人开户银行给收款人的受理回单

20. 12 月 19 日，以 3 000 元/件的价格销售 A 产品 800 件给上海沪东商贸公司，收到商贸公司开出的 3 个月期限的商业承兑汇票一张（见证账表 2-81、证账表 2-82、证账表 2-83）。

证账表 2-81

大连增值税专用发票

№00103638

2102024670 此联不作报销、扣税凭证使用 开票日期：2021 年 12 月 19 日

购买方	名　　称：上海沪东商贸公司 纳税人识别号： 地 址 、电 话：（略） 开户行及账号：					密码区	（略）
货物或应税劳务、服务名称	规格型号	单位	数量	单价	金额	税率	税额
A 产品	ZY	件	800	3 000.00	2 400 000.00	13%	312 000.00
合　计					¥2 400 000.00		¥312 000.00
价税合计（大写）	⊗贰佰柒拾壹万贰仟元整				（小写）¥2 712 000.00		
销售方	名　　称：大连北方机械制造有限公司 纳税人识别号：91210204999020386M 地 址 、电 话：大连市沙河口区世纪路 100 号　0411-89997721 开户行及账号：中国工商银行大连分行星海支行 3400222320014421166					备注	

收款人：曲华　　复核：　　开票人：于艳　　销售方：（章）

第一联：记账联　销售方记账凭证

证账表 2-82

商　品　出　库　单

2021 年 12 月 19 日

购货单位	上海沪东商贸公司		提货单号		34525	发票号		
货 号	名 称	型号规格	单 位	数 量		进货成本		提货方式
				发 票	实 付	单 价	金 额	
	A 产品	ZY	件	800	800	3 000	2 400 000	自提
备 注								

仓库负责人：陆林　　保管员：刘为　　提货人：钱一伟

三　财会联

证账表 2-83

电子商业汇票系统
Electronic Commercial Draft System

电子银行承兑汇票

出票日期：2021-12-19　　　　票据状态：背书待签收
到期日期：2021-03-19　　　　票据号码：

<table>
<tr><td rowspan="3">出票人</td><td>全称</td><td>上海沪东商贸公司</td><td rowspan="3">收票人</td><td>全称</td><td colspan="11">大连北方机械制造有限公司</td></tr>
<tr><td>账号</td><td>（略）</td><td>账号</td><td colspan="11">3400222320014421166</td></tr>
<tr><td>开户银行</td><td>中国工商银行股份有限公司上海分行沪东支行</td><td>开户银行</td><td colspan="11">中国工商银行股份有限公司大连分行星海支行</td></tr>
<tr><td rowspan="2" colspan="2">票据金额</td><td rowspan="2">人民币（大写）贰佰柒拾壹万贰仟元整</td><td>十</td><td>亿</td><td>千</td><td>百</td><td>十</td><td>万</td><td>千</td><td>百</td><td>十</td><td>元</td><td>角</td><td>分</td></tr>
<tr><td></td><td></td><td>¥</td><td>2</td><td>7</td><td>1</td><td>2</td><td>0</td><td>0</td><td>0</td><td>0</td><td>0</td></tr>
<tr><td rowspan="2">承兑人信息</td><td>全称</td><td>上海沪东商贸公司</td><td>开户行号</td><td colspan="12"></td></tr>
<tr><td>账号</td><td>0</td><td>开户行名称</td><td colspan="12">中国工商银行股份有限公司上海分行沪东支行</td></tr>
<tr><td colspan="2">交易合同号</td><td></td><td rowspan="2">承兑信息</td><td colspan="12">出票人承诺：本汇票请予以承兑，到期无条件付款</td></tr>
<tr><td colspan="2">能否转让</td><td>可再转让</td><td colspan="12">承兑人承兑：本汇票已经承兑，到期无条件付款
承兑日期：2021-12-25</td></tr>
<tr><td rowspan="2" colspan="2">评级信息（由出票人、承兑人自己记载，仅供参考）</td><td>出票人</td><td colspan="13">评级主体：　　信用等级：　　评级到期日：</td></tr>
<tr><td>承兑人</td><td colspan="13">评级主体：　　信用等级：　　评级到期日：</td></tr>
<tr><td colspan="16">备注</td></tr>
<tr><td colspan="2">背书人名称：</td><td colspan="14"></td></tr>
<tr><td colspan="2">背书人账号：</td><td colspan="14"></td></tr>
<tr><td colspan="2">背书人开户行名称：</td><td colspan="14"></td></tr>
<tr><td colspan="2">是否允许再次转让：</td><td colspan="14"></td></tr>
<tr><td colspan="2">背书备注：</td><td colspan="14"></td></tr>
<tr><td colspan="2">协议编号：</td><td colspan="14"></td></tr>
</table>

21. 12 月 24 日，开出转账支票预付华东有限责任公司购货款 12 000 元（见证账表 2-84）。

22. 12 月 25 日，接到银行通知，本季度存款利息 8 645 元到账（见证账表2-85）。

证账表 2-84

中国工商银行
转账支票存根
10209130
07000727

附加信息

出票日期 2021 年 12 月 24 日

收款人：	华东有限责任公司
金　额：	￥12 000. 00
用　途：	购货款

单位主管 王　浩　会计 李　明

证账表 2-85

业务回单（收款）

日期：2021 年 12 月 25 日
回单编号：18080000001
付款人户名：　付款人开户行：
付款人账号（卡号）：
收款人户名：大连北方机械制造有限公司　收款人开户行：中国工商银行大连分行星海支行
收款人账号（卡号）：3400222320014421166
金额：捌仟陆佰肆拾伍元整　小写：8 645. 00 元
业务（产品）种类：利息入账　凭证种类：　凭证号码：
摘要：利息　用途：　币种：人民币
交易机构：0340000031　记账柜员：00001　交易代码：60012　渠道：批量业务
起息日期：2021-09-25　止息日期：2021-12-24　利率：略　利息：8 645. 00
计息账户账号：3400222320014421166

本回单为第 1 次打印，注意重复　打印日期：2021 年 12 月 25 日　打印柜员：9　验证码：D43228A1C006

23. 12 月 26 日，为新建三车间，向中国工商银行沙河口区分行借款 5 000 000 元，此款已存入银行存款户（见证账表 2-86）。

证账表 2-86

中国工商银行借款凭证

2021 年 12 月 26 日　　　　第 87 号

<table>
<tr><td>借款人</td><td>大连北方机械制造有限公司</td><td>贷款账号</td><td>3400222410076685521</td><td>存款账号</td><td colspan="2">3400222320014421166</td></tr>
<tr><td>贷款金额</td><td colspan="4">人民币（大写）伍佰万元整</td><td colspan="2">千 百 十 万 千 百 十 元 角 分
¥ 5 0 0 0 0 0 0 0 0</td></tr>
<tr><td rowspan="2">用　途</td><td rowspan="2">新建</td><td>期　限</td><td>约定还款日期</td><td colspan="3">2022 年 12 月 25 日</td></tr>
<tr><td>一年</td><td>贷款利率</td><td>6%</td><td>借款合同号码</td><td>8341</td></tr>
<tr><td colspan="7">上列贷款已转入借款人指定的账户。

复核　　　　记账</td></tr>
</table>

第一联　回单

24. 12 月 28 日，供应部王黎明报销业务招待费 1 356. 8 元（其中含税 76. 8 元），用现金支付（见证账表 2-87）。

证账表 2-87

大连增值税普通发票　№14494420

2102054304　　发　票　联　　开票日期：2021 年 12 月 28 日

<table>
<tr><td rowspan="1">购买方</td><td colspan="4">名　　称：大连北方机械制造有限公司
纳税人识别号：91210204999020386M
地 址 、电 话：大连市沙河口区世纪路 100 号　0411-89997721
开户行及账号：中国工商银行大连分行星海支行 3400222320014421166</td><td>密码区</td><td colspan="3">（略）</td></tr>
<tr><td colspan="2">货物或应税劳务、服务名称</td><td>规格型号</td><td>单位</td><td>数量</td><td>单价</td><td>金额</td><td>税率</td><td>税额</td></tr>
<tr><td colspan="2">餐费</td><td></td><td></td><td></td><td></td><td>1 280. 00</td><td>6%</td><td>76. 80</td></tr>
<tr><td colspan="2">合　计</td><td></td><td></td><td></td><td></td><td>¥1 280. 00</td><td></td><td>¥76. 80</td></tr>
<tr><td colspan="2">价税合计（大写）</td><td colspan="7">⊗壹仟叁佰伍拾陆元捌角整　　（小写）¥1 356. 80</td></tr>
<tr><td>销售方</td><td colspan="4">名　　称：
纳税人识别号：　　（略）
地 址 、电 话：
开户行及账号：</td><td>备注</td><td colspan="3"></td></tr>
</table>

收款人：　　复核：　　开票人：　　销售方：（章）

第三联：发票联　购买方记账凭证

25. 12 月 30 日，接到中国工商银行的通知，本月短期借款利息 12 500 元已由银行划款支付（见证账表 2-88）。

证账表 2-88

业务回单（付款）

日期：2021 年 12 月 30 日
回单编号：
付款人户名：北方机械制造有限公司　　付款人开户行：中国工商银行大连分行星海支行
付款人账号（卡号）：3400222320014421166
收款人户名：　　收款人开户行：
收款人账号（卡号）：
金额：壹万贰仟伍佰元整　　小写：12 500.00 元
业务（产品）种类：利息支付　　凭证种类：　　凭证号码：
摘要：对公贷款利息支付　　用途：　　币种：人民币
交易机构：0340000031　记账柜员：00001　交易代码：60013　渠道：批量业务
起息日期：2021-11-28　止息日期：2021-12-27　息余积数：略　利率：略
利息：12 500.00　调整利息：0.00　冲正利息：0.00
计息账号：　　借据编号：00020000056250480

本回单为第 1 次打印，注意重复　打印日期：2021 年 12 月 30 日　打印柜员：9　验证码：7486B18E8006

26. 12 月 30 日，用转账支票向大连电视台支付产品广告费 5 300 元（见证账表 2-89、证账表 2-90）。

证账表 2-89

中国工商银行
转账支票存根
10209130
07000737

附加信息

出票日期 2021 年 12 月 30 日

收款人：	大连电视台
金　额：	￥5 300.00
用　途：	广告费

单位主管 王　浩　会计 李　明

证账表 2-90

大连增值税专用发票　　№06131056

2182081880　　　发　票　联　　　开票日期：2021 年 12 月 30 日

<table>
<tr><td rowspan="2">购买方</td><td colspan="6">名　　称：大连北方机械制造有限公司
纳税人识别号：91210204999020386M
地 址 、电 话：大连市沙河口区世纪路 100 号　0411-89997721
开户行及账号：中国工商银行大连分行星海支行
3400222320014421166</td><td>密码区</td><td>（略）</td></tr>
</table>

货物或应税劳务、服务名称	规格型号	单位	数量	单价	金额	税率	税额
广告费					5 000. 00	6%	300. 00
合　计					¥5 000. 00		¥300. 00
价税合计（大写）	⊗伍仟叁佰元整					（小写）	¥5 300. 00

销售方	名　　称： 纳税人识别号： 地 址 、电 话： 开户行及账号：　（略）	备注	

收款人：　　　复核：　　　开票人：霍光　　　销售方：（章）

第三联：发票联　购买方记账凭证

27. 12 月 30 日，向大连启明小学捐赠一批物资，价值 113 005 元（见证账表 2-91）。

证账表 2-91

捐　赠　协　议

为支持本地区小学教育事业的发展，大连北方机械制造有限公司（以下简称甲方）与大连启明小学（以下简称乙方）经友好协商，达成以下协议：由甲方向乙方无偿赠送全新电脑贰拾台，价值人民币壹拾壹万叁仟零伍元（¥113 005），并提供有关单据。本协议一式三份，自双方签字之日起生效。

甲方（捐赠人）：　　　　（公章）

甲方代表：　刘广财　（签字）

乙方（受赠人）：　　　　（公章）

乙方代表：　赵　明　（签字）

2021 年 12 月 30 日

28. 12 月 31 日，计提本月固定资产折旧 20 420 元（见证账表 2–92）。

证账表 2–92

固定资产折旧计算单

2021 年 12 月　　金额单位：元

项目 / 使用部门	房屋建筑物			机器设备			运输工具			其他			合计
	原值	折旧率	折旧额	原值	折旧率	折旧额	原值	折旧率	折旧额	原值	折旧率	折旧额	
生产车间													12 200
其中：一车间						（略）							6 000
二车间													6 200
管理部门													8 220
合　计													20 420

主管：王浩　　审核：孙萍　　制表：李明

29. 12 月 31 日，分配本月工资费用（见证账表 2–93）。

证账表 2–93

工资费用分配表

2021 年 12 月 31 日　　单位：元

应借科目	应贷科目：应付职工薪酬			
	生产工人	车间管理人员	厂部管理人员	合　计
生产成本——A 产品	720 000			720 000
——B 产品	480 000			480 000
制造费用		300 000		300 000
管理费用			150 000	150 000
合　计	1 200 000	300 000	150 000	1 650 000

主管：王浩　　审核：孙萍　　制表：李明

30. 12 月 31 日，按工资总额的 8% 提取社会保险费、4% 提取住房公积金、2% 提取工会经费（见证账表 2–94）。

证账表 2-94

社会保险、住房公积金及工会经费分配表

2021 年 12 月 31 日　　　　单位：元

应借科目	应贷科目：应付职工薪酬									
	生产工人			车间管理人员			厂部管理人员			合计
	社保	住房	工会经费	社保	住房	工会经费	社保	住房	工会经费	
生产成本——A 产品	57 600	28 800	14 400							100 800
——B 产品	38 400	19 200	9 600							67 200
制造费用				24 000	12 000	6 000				42 000
管理费用							12 000	6 000	3 000	21 000
合　计	96 000	48 000	24 000	24 000	12 000	6 000	12 000	6 000	3 000	231 000

主管：王浩　　　　审核：孙萍　　　　制表：李明

31. 12 月 31 日，分配结转制造费用（见证账表 2-95）。

证账表 2-95

制造费用分配表

2021 年 12 月 31 日　　　　金额单位：元

产品名称	分配标准	分配率（%）	分配金额
A 产品	300 000	72	216 000
B 产品	200 000	72	144 000
合　计	500 000		360 000

主管：王浩　　　　审核：孙萍　　　　制表：李明

32. 12 月 31 日，本月 A 产品完工 1 540 件，B 产品完工 3 980 件，结转完工产品成本（见证账表 2-96（A）、证账表 2-96（B）、证账表 2-97）。

证账表 2-96（A）

生产车间

产品成本计算单

2021 年 12 月

产品名称	A 产品	规格		工时
本期产量	1 540	单位	件	

成本项目	单位	期初在产		本期发生		本期在产		本期完工产品成本				
		在产量		数量		在产品		总成本		单位成本		
				废品量		在产率	（%）					
		耗用量	金额	耗用量	金额	数量	金额	耗用量	金额	耗用量	单价	金额
直接材料									1 309 600			850
直接人工									930 800			605
制造费用									223 600			145
制造成本									2 464 000			1 600

财务科长：王浩　　　　车间主任：刘阔　　　　成本员：王倩

证账表 2-96（B）
生产车间

产品成本计算单

2021 年 12 月

产品名称	B 产品	规格		工时
本期产量	3 980	单位	件	

成本项目	单位	期初在产		本期发生		本期在产		本期完工产品成本				
		在产量		数量		在产品		总成本		单位成本		
				废品量		在产率	（%）					
		耗用量	金额	耗用量	金额	数量	金额	耗用量	金额	耗用量	单价	金额
直接材料									978 860			246
直接人工									484 470			122
制造费用									128 670			32
制造成本									1 592 000			400

财务科长：王浩　　　　车间主任：刘闯　　　　成本员：王倩

证账表 2-97

完 工 产 品 入 库 单

物资类别：　　　　2021 年 12 月 31 日　　　　编号：

交货单位或部门			生产单号码				验收仓库
名称及规格	计量单位	数量		实际成本			
		应交	实收	单价	金额	杂费	合计
A 产品	件	1 540	1 540	1 600	2 464 000		2 464 000
B 产品	件	3 980	3 980	400	1 592 000		1 592 000
合　计							4 056 000
检验结果							
备　注							

记账：李明　　　　验收：刘为　　　　仓库：刘为　　　　交货：李铁

33. 12 月 31 日，按应收账款期末余额的 1% 计提坏账准备（见证账表 2-98）。

证账表 2-98

坏 账 准 备 计 算 表

2021 年 12 月 31 日　　　　金额单位：元

"坏账准备"账户期初余额	本期增加	本期减少	本期提取	"坏账准备"账户期末余额
0	0	0	182 040	
"应收账款"账户期末余额	提取坏账准备比例（%）	可提取额	备　注	
6 068 000	1	60 680		

主管：王浩　　　　审核：孙萍　　　　制表：李明

34. 12 月 31 日，计算应交城市维护建设税及教育费附加（见证账表 2-99）。

证账表 2-99

城市维护建设税及教育费附加计算表

2021 年 12 月 31 日　　金额单位：元

税　目	计税金额	税率（%）	应交金额
城市维护建设税	1 600 000	7	112 000
教育费附加	1 600 000	3	48 000
合　计			160 000

主管：王浩　　审核：孙萍　　制表：李明

35. 12 月 31 日，结转本月已售产品成本（见证账表 2-100）。

证账表 2-100

销售产品成本计算表

2021 年 12 月　　单位：元

发票日期	发票号码	购货单位	销售成本	发票日期	发票号码	购货单位	销售成本
12. 16		大连大地公司	2 400 000				
12. 18		广州好利公司	800 000				
12. 19		上海沪东商贸公司	1 280 000				
合计			4 480 000				

主管：王浩　　审核：孙萍　　制表：李明

36. 12 月 31 日，结转本月收入、费用，即结转损益类账户到“本年利润”账户（见证账表 2-101）。

证账表 2-101

损益类账户发生额表

2021 年 12 月　　单位：元

账户名称	借方发生额	贷方发生额	净发生额
主营业务收入		10 100 000	
主营业务成本	4 480 000		
税金及附加	160 000		
管理费用	190 000		
销售费用	50 000		
财务费用	3 855		
营业外支出	113 005		
信用减值损失	60 680		
合　计	5 057 540	10 100 000	

主管：王浩　　审核：孙萍　　制表：李明

37. 12 月 31 日，计算所得税费用（税率 25%），并结转所得税费用。假设本公司没有纳税调整事项（见证账表 2-102）。

证账表 2-102

所得税费用计算表

2021 年 12 月 31 日　　金额单位：元

应纳税所得额	税率（%）	应纳税额
5 042 460	25	1 260 615

主管：王浩　　审核：孙萍　　制表：李明

38. 12 月 31 日，结转全年实现的净利润，即结转“本年利润”账户余额到“利润分配——未分配利润”账户。

39. 12 月 31 日，按净利润的 10% 提取法定盈余公积（见证账表 2-103）。

证账表 2-103

盈余公积计算表

2021 年 12 月 31 日　　金额单位：元

项　目	计提依据	计提比例（%）	计提金额
法定盈余公积	3 781 845	10	378 184. 5
合　计	3 781 845	—	378 184. 5

主管：王浩　　审核：孙萍　　制表：李明

40. 12 月 31 日，根据公司董事会《关于本年度利润分配方案的决议》，按剩余利润的 25% 向投资者分配利润（见证账表 2-104）。

证账表 2-104

大连北方机械制造有限公司
关于本年度利润分配方案的决议

经本公司董事会研究决定，本年度利润分配方案如下：

全年提取法定盈余公积后剩余利润的 25%，按投资比例向各股东分配。

董事会

2021 年 12 月 31 日

41. 12 月 31 日，结转全年已分配的利润，即将“利润分配”有关明细账余额转入“利润分配——未分配利润”账户。

〔实训要求〕

一、正确编制汇总记账凭证

汇总记账凭证包括汇总收款凭证、汇总付款凭证和汇总转账凭证三种。汇总收款凭证按照库存现金、银行存款科目设置，以借方为主，按照各科目借方所对应的贷方科目归集列示，定期填列，每月填制一张；汇总付款凭证按照库存现金、银行存款科目设置，以贷方为主，按照各科目贷方所对应的借方科目归集列示，定期填列，每月填制一张；汇总转账凭证按所有非货币资金科目设置，以贷方为主，按照各科目贷方所对应的借方科目归集，定期填列，每月填制一张。为了便于编制汇总转账凭证，所有转账凭证中科目的对应关系应是一借一贷、多借一贷，一个借方科目不能同几个贷方科目相对应。

汇总记账凭证核算形式下，其核算的基本程序可用图 2-1 表示。

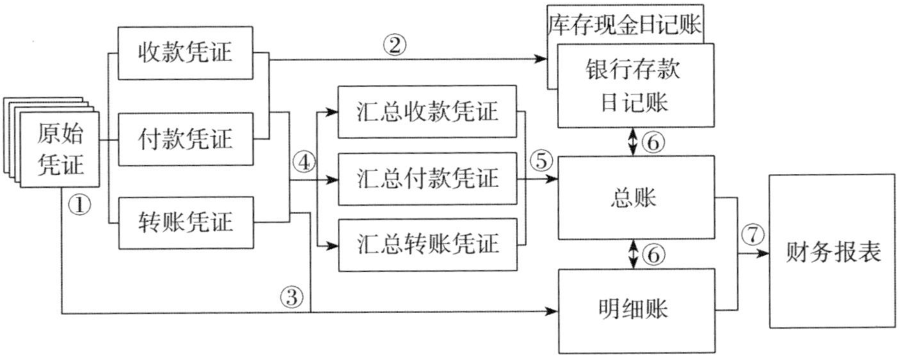

图 2-1　汇总记账凭证核算程序

汇总收款凭证、汇总付款凭证和汇总转账凭证的格式见证账表2-105、证账表2-106、证账表2-107。

证账表2-105

汇总收款凭证

借方科目：　　　　年　　月　　　　金额单位：

贷方科目	金额				总账页数	
	1—10日凭证 1号—　号	11—20日凭证 号—　号	21—31日凭证 号—　号	合　计	借　方	贷　方
合　计						

证账表2-106

汇总付款凭证

贷方科目：　　　　年　　月　　　　金额单位：

借方科目	金额				总账页数	
	1—10日凭证 1号—　号	11—20日凭证 号—　号	21—31日凭证 号—　号	合　计	借　方	贷　方
合　计						

证账表 2-107

汇总转账凭证

贷方科目：　　　　　　　　　　年　　月　　　　　　　　　　金额单位：

<table>
<tr><td rowspan="2">借方科目</td><td colspan="4">金　　额</td><td colspan="2">总账页数</td></tr>
<tr><td>1—10 日凭证
1号—　号</td><td>11—20 日凭证
号—　号</td><td>21—31 日凭证
号—　号</td><td>合　计</td><td>借　方</td><td>贷　方</td></tr>
<tr><td></td><td></td><td></td><td></td><td></td><td></td><td></td></tr>
<tr><td></td><td></td><td></td><td></td><td></td><td></td><td></td></tr>
<tr><td></td><td></td><td></td><td></td><td></td><td></td><td></td></tr>
<tr><td></td><td></td><td></td><td></td><td></td><td></td><td></td></tr>
<tr><td></td><td></td><td></td><td></td><td></td><td></td><td></td></tr>
<tr><td></td><td></td><td></td><td></td><td></td><td></td><td></td></tr>
<tr><td></td><td></td><td></td><td></td><td></td><td></td><td></td></tr>
<tr><td>合　计</td><td></td><td></td><td></td><td></td><td></td><td></td></tr>
</table>

二、正确装订会计凭证

对已登完账的会计凭证，应定期装订成册。装订时，按照记账凭证类别（收款凭证、付款凭证、转账凭证）或不分类综合编号进行排列，连同记账凭证所附原始凭证一并装订成册，加盖装订封面（一般格式见证账表2-108）和封底，并在全部被装订凭证左边封上包封纸后装订。装订后，应由装订人员注明一定时期内共装订几本，此本是第几本，并标明凭证起止号数、起止日期、装订日期、装订人员姓名，还要加盖单位公章。最后，经编号后归档保管。

对需要经常查阅的原始凭证，如工资单、奖金表、车辆维修单等，可以另行保存，单独装订成册；对数量过多的原始凭证，如领料单、发货票、医药费报销单等，也可以归类汇总后单独装订成册，并予以注明。

证账表 2-108

目 录 号
卷　　号
年　　度
月 份
共　　册
第　　册
全年册号
保 管 期

551H　　　　　　　　年　　月份

会计凭证装订封皮

本月凭证自第　　号至第　　号自　　月　　日至　　月　　日

本月册号共　　册第　　号　　本年累计册号　第　　　号

归档卷号		卷内共　　件　　张	保管期限	

单位名称　　　　会计主管人员　　　　装订人

〔实训步骤〕

一、审核经济业务和原始凭证。

二、分析经济业务，根据审核无误的原始凭证编制记账凭证。

三、按所涉及的会计科目汇总，分别编制汇总收款凭证、汇总付款凭证和汇总转账凭证，其中，汇总收款凭证、汇总付款凭证分别按照库存现金、银行存款借方或贷方科目予以汇总。

四、将本月记账后的会计凭证按规定要求装订成册。

〔实训思考〕

一、为什么要编制汇总记账凭证？

二、根据什么编制汇总记账凭证？

三、怎样编制汇总记账凭证？

四、汇总收款凭证应保持什么样的科目对应关系？

五、汇总付款凭证应保持什么样的科目对应关系？

六、汇总记账凭证能否作为进行经济活动分析的依据？

七、怎样装订记账凭证？

八、哪些会计凭证可以单独装订？

九、如何检查所编汇总记账凭证是否正确？

十、如何处理原始凭证、记账凭证和汇总记账凭证之间的关系？

十一、怎样编写实训二的实训报告？

〔实训提示〕

一、汇总记账凭证可根据企业经济业务发生的特点自行设计。若企业业务量较大，凭证汇总的时间可短些。例如，可将证账表 2-105、证账表 2-106、证账表2-107 里的凭证汇总时间缩短为 5 天。企业业务量较少，则可将汇总的时间定为 1 个月。

二、凭证汇总前一定要按收款凭证、付款凭证和转账凭证编好序号。凭证汇总时，要按记账凭证顺序号进行汇总，避免遗漏。

实训三　登记日记账

日记账是按照经济业务发生时间的先后顺序逐日连续记录某一类经济业务的簿籍。日记账一般主要包括库存现金日记账、银行存款日记账等。有些企业也设置转账日记账，它由出纳人员根据收、付款凭证，按时间顺序逐日、逐笔登记。

〔实训目的〕

通过登记日记账，掌握登记库存现金日记账和银行存款日记账的方法。

〔实训资料〕

一、在实训二中，根据大连北方机械制造有限公司 2021 年 12 月份发生经济业务所编制的库存现金和银行存款的收、付款凭证。

二、库存现金和银行存款日记账的格式。库存现金和银行存款日记账的格式主要有：（1）三栏式；（2）分页式；（3）多栏式；（4）分页多栏式等。其中，三栏式日记账的格式见证账表 2-109、证账表 2-110。

证账表 2-109

库　存　现　金　日　记　账

年		凭证号	摘要	对方科目	借方										贷方										核对号	余额									
月	日				千	百	十	万	千	百	十	元	角	分	千	百	十	万	千	百	十	元	角	分		千	百	十	万	千	百	十	元	角	分

证账表 2-110

银行存款日记账

年		凭证号	摘要	对方科目	结算种类	结算凭证号	借方											贷方											核对号	余额										
月	日						亿	千	百	十	万	千	百	十	元	角	分	亿	千	百	十	万	千	百	十	元	角	分		亿	千	百	十	万	千	百	十	元	角	分

〔实训要求〕

一、正确登记日记账

根据库存现金和银行存款的收、付款凭证，按时间顺序，逐日逐笔登记。日记账中“凭证号”栏应登记每笔业务所依据的收、付款凭证号，“收入”栏（借方）

根据收款凭证登记，“付出”栏（贷方）根据付款凭证登记。但对于货币资金之间的互转业务，为避免重复记账，一般不填制收款凭证，只填制付款凭证。库存现金日记账每日终了应结出余额，并与库存现金实存数相核对，银行存款日记账应定期与银行送来的对账单进行核对，做到日清月结。

二、熟悉并运用登账过程中的常用符号

1. ¥（￥）——人民币元的符号。写在阿拉伯数字（金额）前，金额后不再写元。

2. √——已记过账的符号，表示已根据会计凭证记完或过完账。也可用来表示核对账目的符号，表明已核对过。

3. θ——结平账簿的符号。表示某个会计科目余额为零。

4. □——红字的符号。表示框内数字为红字（实际工作中直接记红字）。

三、按日（月）结出余额，做到日清月结，并与库存现金或银行开来的对账单进行核对。

〔实训步骤〕

根据实训二中大连北方机械制造有限公司2021年12月份现金收、付款凭证和有关银行存款付款凭证，按时间顺序逐日、逐笔登记库存现金日记账。

〔实训思考〕

一、为什么要设置和登记日记账？

二、企业单位一般设置和登记哪些日记账？

三、如何登记库存现金和银行存款日记账？

四、为什么日记账要做到日清月结？

五、为什么每日终了库存现金日记账都要与库存现金核对？

六、为什么企业单位银行存款日记账要定期与银行对账单核对？

七、记账过程中允许运用哪些常用符号？

八、如何登记库存现金日记账和银行存款日记账的“收入”栏？

九、怎样编写实训三的实训报告？

〔实训提示〕

一、登记库存现金和银行存款日记账一定要按时间顺序进行，不可以在时间上颠倒。

二、库存现金和银行存款日记账一定要每天登记，并做到日清月结。当日的库存现金日记账余额应与库存现金数额一致，银行存款日记账余额应与定期取得的银行存款对账单核对。

三、银行存款日记账余额与对账单进行核对时，先要编制银行存款余额调节表，见证账表 2-111。

证账表 2-111

银行存款余额调节表

年　月　日

单位账面存款余额								银行对账单余额							
加：银行已收企业未收				减：银行已付企业未付				加：企业已收银行未收				减：企业已付银行未付			
月	日	摘　要	金　额	月	日	摘　要	金　额	月	日	摘　要	金　额	月	日	摘　要	金　额
调整后的存款余额								调整后的存款余额							

注：此表每月最少调整一次

会计主管人员　　　　审核　　　　出纳员

/实训四　登记明细账

明细账是分类登记某类经济业务详细情况的账簿。明细账有三种格式：(1) 登记往来款项结算业务的三栏式账簿；(2) 登记收入、费用和利润等业务的多栏式账簿；(3) 登记材料、产成品等实物业务的数量金额式明细账簿。各种明细账由会计人员、实物保管人员根据记账凭证和有关原始凭证按时间顺序逐笔登记。

〔实训目的〕

通过登记材料明细账、应收款和应付款明细账的实训，掌握登记一般明细账的方法。

〔实训资料〕

一、实训一中有关材料收发的记账凭证，以及实训二中有关应收、应付款增减的记账凭证。

二、材料明细账和应收、应付款明细账格式见证账表 2-112、证账表 2-113。

证账表 2-112

原材料明细账

最高存量________

最低存量________

本账页数	
本户页数	

货号__________　　品名__________　　计量单位__________　　备注__________

年		记账凭证		摘要	账页	借方											贷方											结存										
						数量	单价	金额									数量	单价	金额									数量	单价	金额								
月	日	字	号					百	十	万	千	百	十	元	角	分			百	十	万	千	百	十	元	角	分			百	十	万	千	百	十	元	角	分

证账表 2-113

明 细 账

总 页________

会计科目________ 细目________ 子目________ 分 页________

年		凭证号	摘要	对方科目	借方											贷方											核对号	借或贷	余额										
月	日				亿	千	百	十	万	千	百	十	元	角	分	亿	千	百	十	万	千	百	十	元	角	分			亿	千	百	十	万	千	百	十	元	角	分

〔实训要求〕

一、正确登记材料明细账。审核材料收发业务的原始凭证和记账凭证，经审核无误后，据以登记材料明细账。

二、正确登记应收、应付款明细账。审核应收、应付款增减业务的记账凭证，经审核无误后，据以登记应收、应付款明细账。

三、登记明细账时，应在账簿中记录凭证号数，在凭证中注明账簿页数，以便账证核对。

四、月末，应结算出每本明细账的余额，并与库存材料或有关方面核对。

〔实训步骤〕

一、按材料品种设置明细账，根据有关材料收发的会计凭证登记材料明细账。

二、按应收款的明细项目（或单位）设置明细账，根据有关应收款增减的记账凭证登记应收款明细账。

三、按应付款的明细项目（或单位）设置明细账，根据有关应付款增减的记账凭证登记应付款明细账。

〔实训思考〕

一、为什么要设置和登记明细账？

二、明细账主要有几种格式？各用于记录哪些经济业务？

三、登记材料明细账和应收、应付款明细账应注意哪些问题？

四、如何核对材料明细账和应收、应付款明细账？

五、怎样编写实训四的实训报告？

〔实训提示〕

一、登记原材料明细账时，要按材料品种设置明细科目，并将数量和金额栏登记完整。月末应将原材料明细账的金额合计与总账核对，做到账账相符；将原材料明细账登记的数量与库存材料保管账核对，做到账实相符。

二、登记应收、应付款明细账时，一般按单位或个人设置明细科目。应收、应付款明细账的登记应尽可能详细，时间、凭证号、摘要、对方科目等栏目均要写明。

实训五　登记总分类账

总分类账是总括反映企业单位财务状况、经营成果和现金流量情况的账簿。它应按照一级科目分设账页。总分类账主要有三栏式、多栏式、棋盘式等格式。总分类账只运用货币度量，因此，总分类账的登记只是各科目增减金额的登记。它由会计人员根据记账凭证逐笔登记，或通过一定方式汇总后进行登记。

〔实训目的〕

通过登记总分类账，掌握登记总分类账的方法。

〔实训资料〕

一、在实训二中，大连北方机械制造有限公司 2021 年 12 月份编制的汇总收款凭证、汇总付款凭证和汇总转账凭证。

二、总分类账的格式。总分类账的格式有三栏式、多栏式、棋盘式等，其中，三栏式、多栏式的格式见证账表 2-114、证账表 2-115。

证账表 2-114

总　　账

会计科目____________

年		凭证号	摘要	借方											贷方											核对号	借或贷	余额										
月	日			亿	千	百	十	万	千	百	十	元	角	分	亿	千	百	十	万	千	百	十	元	角	分			亿	千	百	十	万	千	百	十	元	角	分

证账表 2-115

总账（多栏式）

年　　月　　　　　　　　　　第　　页

账　号	会计科目	上月余额	1—10日	汇总表号		11—20日	汇总表号		21—30日	汇总表号	
			借方	贷方	余额	借方	贷方	余额	借方	贷方	余额

〔实训要求〕

一、正确登记总分类账。认真审核记账凭证，根据审核无误的记账凭证，或汇总记账凭证，或科目汇总表，或多栏式日记账汇总登记总分类账。例如，根据记账凭证按规定序时、逐笔登记，根据其余各种记账依据按规定定期汇总登记。

二、月末，结算出每个总分类账户的发生额和期末余额，并将期末余额与有关日记账或明细账进行核对，做到账账相符。

〔实训步骤〕

一、根据实训二中大连北方机械制造有限公司 2021 年 12 月份编制的汇总记账凭证，登记三栏式总分类账。

二、根据实训二中大连北方机械制造有限公司 2021 年 12 月份编制的汇总记账凭证，登记多栏式总分类账。

三、月末，本月全部经济业务都登记入账后，结出本月发生额和期末余额，并将总账会计科目余额与有关日记账、明细账进行核对。

〔实训思考〕

一、为什么要设置和登记总分类账？

二、总分类账主要有几种格式？如何登记？

三、登记总分类账应注意哪些问题？

四、如何核对总分类账？

五、怎样编写实训五的实训报告？

〔实训提示〕

一、总分类账一般按会计科目设置账页，在月末根据汇总记账凭证登记借方发生额和贷方发生额，并结出月末余额。

二、月末余额应登记借（贷）方符号，以明确表示余额的性质。

/实训六　期末账项调整

会计期间发生的会计事项，有些是属于本期的，有些是属于跨期的，按照权责发生制原则的要求，对跨期的收入和费用，应在会计期末进行账项调整，使收入和费用归属于相应的会计期间。

需要调整的会计事项，主要有以下四种：

（1）正确地摊配已支付的费用，使之归属于有关的会计期间，如预付固定资产租金、预付保险费等。对这些费用一般于支付时记入有关资产类账户的借方，会计期末对本期预计已耗用或已受益的部分进行调整，转入有关费用账户。

（2）正确地摊配已收到款项的收入，使之归属于有关的会计期间，如预收货款、预收劳务款等。对这些收入一般于收到时记入“预收账款”账户的贷方，作为递延负债，表示企业有继续提供产品或劳务的义务。会计期末对本期已赚取或获得的收入进行调整，转入有关收入账户。

（3）反映本会计期间已经发生，但尚未支付的费用，如银行借款利息、职工工资等。它们都属于在付款前使用的劳务或有偿使用资金的代价。而这些劳务或服务费等，是在一定时期内已经发生且积累的总额，为了使受益期间的各月计入相应的劳务费用必须对其进行相应的会计调整。

（4）反映本会计期间已经赚取，但尚未收到款项的收入。企业单位在会计期间内提供产品或劳务，有时在会计期末尚未收到对方款项。例如，销售产品或提供劳务，货款尚未收回。这些产品或劳务的价值应当作为企业单位已经赚取的收入，反映在当期的利润表上。对这些积累起来的应计收入应该予以调整，作为本期收入。

〔实训目的〕

通过期末账项调整，掌握调整账项的类型和账项调整的方法。

〔实训资料〕

大连北方机械制造有限公司2021年需要调整的会计事项如下：

1. 1月初支付全年的固定资产租赁费12 000元，增值税1 080元（见证账表2-116、证账表2-117）。

证账表 2-116

中国工商银行 转账支票存根 10209130 07000729	中国工商银行 转账支票	07000729 加验密码	10209130 07000729
附加信息	出票日期（大写）贰零贰壹年零壹月零肆日	付款行名称：中国工商银行大连分行星海支行	
出票日期 2021 年 1 月 4 日	收款人：汇通租赁公司	出票人账号：340022232001442116 6	
收款人：汇通租赁公司	人民币（大写）壹万叁仟零捌拾元整	亿千百十万千百十元角分：¥1308000	
金　额：¥13 080.00	用途 租赁费	密码	
用　途：租赁费	上列款项请从我账户内支付	行号	
单位主管 王浩　会计 李明	出票人签章	复核　记账	

付款期限自出票之日起十天

证账表 2-117

大连增值税专用发票

№10024251

2104381170　发　票　联　开票日期：2021 年 1 月 4 日

购买方	名　称：大连北方机械制造有限公司 纳税人识别号：91210204999020386M 地 址 、电 话：大连市沙河口区世纪路 100 号　0411-89997721 开户行及账号：中国工商银行大连分行星海支行 340022232001442116 6					密码区	（略）
货物或应税劳务、服务名称	规格型号	单位	数量	单价	金额	税率	税额
租赁费					12 000.00	9%	1 080.00
合　计					¥12 000.00		¥1 080.00
价税合计（大写）	⊗壹万叁仟零捌拾元整					（小写）	¥13 080.00
销售方	名　称： 纳税人识别号： 地 址 、电 话： 开户行及账号：　（略）					备注	

第三联：发票联　购买方记账凭证

收款人：刘明　复核：　开票人：姜恩硕　销售方：（章）

2. 6 月末预收下个月工业性作业的劳务款 60 000 元（见证账表 2-118）。

证账表 2-118　**ICBC 中国工商银行　进账单**（收账通知）　3

2021 年 6 月 30 日

出票人	全　称	大连锦联零部件有限公司	收款人	全　称	大连北方机械制造有限公司
	账　号	（略）		账　号	340022232001442l166
	开户银行	（略）		开户银行	中国工商银行大连分行星海支行
金额	人民币（大写）陆万元整			亿千百十万千百十元角分	¥6000000
票据种类		票据张数			
票据号码					
复核　　记账				收款人开户银行签章	

此联是收款人开户银行交给收款人的收账通知

3. 6 月末计提银行借款利息 8 450 元（见证账表 2-119）。

证账表 2-119

计提利息费用表

2021 年 6 月 30 日　　　　金额单位：元

月　份	借款金额	年利率（%）	季度预计利息	本月应提金额
6	（略）	（略）	（略）	8 450

主管：王浩　　　审核：孙萍　　　制表：李明

4. 12 月售给大连兴业机床厂 A 产品 200 件，单价 3 000 元/件，货款尚未收到（见证账表 2-120）。

证账表 2-120

大连增值税专用发票

№01103344

2177051170　　此联不作报销、扣税凭证使用　　开票日期：2021 年 12 月 6 日

购货方	名　　称：大连兴业机床厂 纳税人识别号： 地 址 、电 话：　（略） 开户行及账号：					密码区	（略）	
货物或应税劳务、服务名称	规格型号	单位	数量	单价	金额	税率	税额	
A 产品	PL	件	200	3 000.00	600 000.00	13%	78 000.00	
合　计					¥600 000.00		¥78 000.00	
价税合计（大写）	⊗陆拾柒万捌仟元整					（小写）¥678 000.00		
销售方	名　　称：大连北方机械制造有限公司 纳税人识别号：91210204999020386M 地 址 、电 话：大连市沙河口区世纪路 100 号　0411-89997721 开户行及账号：中国工商银行大连分行星海支行 34002223200014421166					备注		

第一联：记账联　销售方记账凭证

收款人：曲华　　复核：孙萍　　开票人：于艳　　销货单位：（章）

〔实训要求〕

一、学习并掌握会计事项处理基础——权责发生制。

二、正确编制期末账项调整业务的记账凭证。根据审核无误的原始凭证，结合期末需要调整账项的类型，编制调整收入或费用的记账凭证，以合理地确定不同会计期间的损益。

三、根据记账凭证登记总分类账。对进行期末账项调整所编制的记账凭证，应在审核无误的基础上，据以登记总分类账。

四、结算出总分类账户的月末余额，并审核本期调整的收入额、费用额的准确性。

〔实训步骤〕

一、根据权责发生制的要求，编制已收或未收到货币资金但却应调为本期收入业务的记账凭证。

二、根据权责发生制的要求，编制已付或未付出货币资金但却应调为本期费用业务的记账凭证。

三、认真审核为调整收入费用所编制的记账凭证。

四、根据审核无误的记账凭证登记总分类账。

五、结算出总分类账科目本期发生额和期末余额。

〔实训思考〕

一、会计期末应调整哪几种类型的会计事项?

二、如何编制调整预收收入的记账凭证?

三、如何编制调整预付费用的记账凭证?

四、如何编制已发生但尚未支付费用的记账凭证?

五、如何编制已赚取但尚未收到货币资金的记账凭证?

六、编制调整账项的记账凭证是否要附原始凭证?

七、怎样审核记录调整账项的记账凭证?

八、怎样编写实训六的实训报告?

〔实训提示〕

进行本实训操作，首先应正确理解权责发生制会计处理基础。权责发生制，是指凡是当期已经实现的收入和已经发生的或应当负担的费用，不论款项是否收付，都应作为当期的收入和费用处理；凡是不属于当期的收入和费用，即使款项已经在当期收付，都不应作为当期的收入和费用处理。

实训七　账簿查错与更正

会计人员根据会计凭证登记账簿的过程中，可能由于记错方向（例如，应记账簿借方而记入贷方，或应记贷方而记入借方）、记错位数（多记或少记位数）和位数颠倒（相邻位数颠倒或首尾位数颠倒）等原因，出现记账错误。为此，首先应采用科学的方法查找出记账错误，然后再对已经查找出的记账错误按正确的方法予以更正。

〔实训目的〕

通过查找记账错误和更正错账的实验，掌握查错与更正错误的方法。

〔实训资料〕

假设大连北方机械制造有限公司 2021 年 12 月发生的经济业务中记错以下几笔：

（1）第 4 笔业务。王毅预借差旅费 3 000 元，现金支票支付。记账凭证记录正确：

借：其他应收款——王毅　　3 000

　贷：银行存款　　3 000

但登记银行存款日记账时误将金额登记为 300 元。

（2）第 13 笔业务。收到银行转来电费付款通知。记账凭证和账簿记录均发生记账金额错误：

借：制造费用　　58 000

　　管理费用　　22 000

　贷：银行存款　　80 000

（3）第 21 笔业务。开出转账支票预付购货款 12 000 元。记账凭证和账簿记录均发生金额错误：

借：预付账款　　1 200

　贷：银行存款　　1 200

（4）第 26 笔业务。开出转账支票 5 300 元支付销售产品的广告费。记账凭证和账簿记录均发生会计科目的错误：

借：管理费用　　　　　　　　　　　　50 000
　贷：银行存款　　　　　　　　　　　　　50 000

〔实训要求〕

一、运用科学的方法查找记账错误

查找记账错误一般有两种方法，即全面查找法和个别查找法。

全面查找法包括正查法和逆查法。正查法就是对发现记错账月份的所有经济业务，按其发生的先后顺序逐笔进行查找，逆查法与正查法的查找顺序正好相反。

个别查找法一般有差额法、除 2 法、除 9 法等专门方法。（1）差额法：根据错账差额查找漏记账目的方法，即查找账簿中的全部金额有无与错账差额相同的数字，检查其是否漏记或重记。（2）除 2 法：用正确与错误金额之差除以 2 后得出的商数来判明、查找错误的一种方法。它是用来查找记错方向而产生的记账错误的方法。如果某一数字记反了方向，就会使一方发生额增大，另一方发生额减少，差错数一定是记反方向数字的 2 倍，且一定是偶数，均能被 2 整除，其商数即是记反方向的数字。（3）除 9 法：用正确与错误金额之差除以 9 后得出的商数来判明、查找错误的一种方法。它是用来查找数字错位或位数颠倒而产生的记账错误的方法。多记一位数或少记一位数都会使原来金额增加 9 倍或减少 9 倍（多记或少记两位时，是 99 的倍数；多记或少记 3 位时，是 999 的倍数等）。记错位数而产生的差额也都能被 9 整除，均能用除 9 法来判明和查找记账错误。

二、运用正确的方法更正记账错误

更正错账的方法一般有以下三种：（1）划线更正法。用来更改记账后、结账前所发现文字或金额记录错误的记账错误。（2）红字更正法。用来更改结账后所发现科目或金额记录错误的记账错误。（3）补充登记法。用来更改记账后所发现科目运用正确但所记金额小于应记金额而产生的金额记录错误。

〔实训步骤〕

一、将银行存款日记账和银行存款总分类账的本期发生额和期末余额进行核对。

二、通过对账发现记账错误，运用各种查找错账的方法进行查找。

三、根据产生错账的时间和原因等情况，选择正确的方法予以更正。

〔实训思考〕

一、记账过程中会产生哪些种类的记账错误？

二、查找错账的方法有哪些？如何查找？

三、更正错账的方法有哪些？如何进行更正？

四、为什么会产生各种记账错误？

五、更正错账的方法是否适用于更正记账凭证编制错误？

六、怎样编写实训七的实训报告？

〔实训提示〕

一、如果企业业务量较少，则可按经济业务先后顺序逐笔查找错误。如果企业业务量较大，则可以先采用个别查找法。个别查找法的差额法、除2法、除9法等应逐一使用，如果采用个别查找法仍未发现问题，则再采用逐笔查找法。

二、对查找发现的错误，应先确定发现错误的时间。如果在月末或年末结账前，可采用划线更正法更正错误；如果在结账后，则要采用红字更正法或补充登记法更正错误。

/实训八　账项结转和结账

账项结转是指在会计期末，为了结转费用、成本或收益等编制一种转账凭证的手续。账项结转是按会计账务处理手续的要求，由会计期末结转损益或支出的结账业务形成的。

账项结转主要包括结转验收入库材料的成本、结转完工产品成本以及期末结转各损益类账户等。

结账就是把一定时期应记入账簿的经济业务全部登记入账之后，计算出本期发生额及期末余额。结账时，首先要检查本期发生的经济业务是否全部入账，按权责发生制原则调整本期收入和费用，计算出本期发生额合计及期末余额，不允许为赶编财务报表提前结账，也不允许先编财务报表后结账。

结账时可以把全部账户分为实账户和虚账户两类。对于实账户，会计期末可以直接结账，如“库存现金”“银行存款”“原材料”“固定资产”“短期借款”“实收资本”等账户；对于虚账户，应先在有关账户结转之后才能结账，如“管理费用”“主营业务收入”“财务费用”“销售费用”等账户。

〔实训目的〕

通过期末账项结转和结账的实训，掌握会计账项结转和会计账簿结账的方法。

〔实训资料〕

一、实训二中的业务 2、业务 3、业务 31、业务 32、业务 35、业务 36、业务 37 等结转账项。

二、实训三中的日记账、实训四中的明细账和实训五中的总分类账的账簿记录。

〔实训要求〕

一、按规定进行账项结转。对所有需要进行账项结转，编制转账凭证的会计事项，都应在会计期末予以结转。

二、按规定进行账簿结账。为了反映企业一定时期资金运动情况，应对账簿记录定期进行结账。要求企业按月、季、年分别计算本期发生额和期末余额，以结束各会计期间账簿记录。结账后，应将账簿记录与有关记录进行核对，如账证核对、账账核对、账实核对等。如果发现有误，应按实训七所述的方法，进行错账的查找和更正。

〔实训步骤〕

一、分析实训一中的经济业务，找出属于账项结转的会计事项。

二、对会计账项结转的业务，编制记账凭证（转账凭证）进行结转。

三、根据实训三、实训四和实训五中的日记账、明细账和总分类账的账簿记录进行月份结账。

四、将总分类账本期发生额和期末余额与有关日记账、明细账的本期发生额和期末余额分别进行核对，如果发现不符，应及时查找并更正。

〔实训思考〕

一、为什么要进行账项结转？

二、哪些账项会计期末要进行结转？

三、为什么要结账？

四、如何进行结账？

五、哪些账户需要在有关账项结转后再进行结账？

六、结账时如何进行账账核对？

七、怎样编写实训八的实训报告？

〔实训提示〕

一、账项结转和结账都是在会计期末要进行的工作，一般不在会计期间进行。

二、在结账前应先进行账项的结转。待完工产品成本、已销产品成本等需结转的成本费用已填制记账凭证结转完毕，各损益类账户的余额已转入“本年利润”账户后，方可结出所有账户的本期发生额和期末余额。

/实训九　编制试算平衡表

企业单位编制财务报表之前，必须对编表直接依据的账簿资料进行检查。观察企业发生的经济业务是否已全部入账，应该调整的账项是否已调整，该结转的账项是否已结转。特别是要检验账簿所记金额是否正确。为此，在正式编表前，必须对全部总分类账户本期发生额进行验算，以检查其正确性。一般是通过编制试算平衡表来进行的。

〔实训目的〕

通过编制试算平衡表的实训，掌握试算平衡表的编制方法。

〔实训资料〕

一、实训一中的“实训资料”。

二、试算平衡表的格式见证账表 2-121。

证账表 2-121

试算平衡表

年　月　日　　　　金额单位：

会计科目	本期发生额		期末余额	
	借　方	贷　方	借　方	贷　方
合　计				

〔实训要求〕

全部经济业务登记总分类账簿后，应该通过编制试算平衡表，来验算本期发生的经济业务的账簿记录是否正确。企业单位应按照规定的格式进行试算平衡。如果试算不平衡，应及时查找错误，并按规定的方法更正错账。

〔实训步骤〕

一、根据审核无误的原始凭证编制记账凭证。
二、根据记账凭证登记总分类账户。
三、根据总分类账户本期发生额编制试算平衡表。

〔实训思考〕

一、为什么要编制试算平衡表?
二、如何编制试算平衡表?
三、编制试算平衡表的依据是什么?
四、怎样编写实训九的实训报告?

〔实训提示〕

试算平衡是企业登记总分类账后编制报表前的一项必要程序，只有试算平衡后才可编制财务报表。若试算不平衡，则可采用实训七中学过的办法进行查错和更正，待试算平衡后再进行报表的编制。

实训十　编制总分类账户本期发生额及余额对照表

为了检验企业单位总分类账簿记录正确与否，为编制财务报表奠定基础，应定期编制“总分类账户本期发生额及余额对照表”。该表应反映企业一定时期全部总分类账户期初余额、本期发生额和期末余额情况。

〔实训目的〕

通过编制总分类账户本期发生额及余额对照表的实训，掌握总分类账户本期发生额及余额对照表的编制方法。

〔实训资料〕

一、实训一中的“实训资料”。

二、总分类账户本期发生额及余额对照表的格式见证账表2-122。

证账表2-122　**总分类账户本期发生额及余额对照表**　金额单位：

会计科目	期初余额		本期发生额		期末余额	
	借方	贷方	借方	贷方	借方	贷方
合　计						

〔实训思考〕

一、为什么要编制总分类账户本期发生额及余额对照表?

二、如何编制总分类账户本期发生额及余额对照表?

三、企业单位在什么时间编制总分类账户本期发生额及余额对照表?依据是什么?

四、怎样编写实训十的实训报告?

〔实训提示〕

总分类账户本期发生额及余额对照表是在试算平衡表基础上编制的,如果试算平衡表编制正确,发生额及余额对照表一般也应正确。如不正确,应仔细检查从总账过到对照表中的期初余额是否正确,对照表中期末余额的计算是否正确。

/实训十一　编制资产负债表和利润表

为了定期总结企业单位的经济活动、评价企业经济效益，并为经营决策提供信息和满足国家综合平衡工作的需要，企事业单位都应定期编制资产负债表和利润表。

资产负债表是反映企事业单位一定日期资产、负债和所有者权益情况的报表。它是依据“资产总额=负债总额+所有者权益总额”的平衡原理设置的静态报表，应该根据有关账户的期末余额填列。

利润表是反映企业一定时期内净利润的形成和分配等情况的财务报表。它是依据“收入-费用=利润”的公式设置的动态财务报表，应该根据有关账户的本期发生额填列。

〔实训目的〕

通过编制资产负债表和利润表的实训，掌握编制资产负债表和利润表的一般程序和基本方法。

〔实训资料〕

一、实训四、实训五中的明细账和总分类账的记录。

二、资产负债表和利润表的一般格式见证账表 2-123、证账表 2-124。

证账表 2-123　　　**资产负债表**　　　会企 01 表

编制单位：　　　______年____月____日　　　单位：元

资　产	期末余额	上年年末余额	负债和所有者权益（或股东权益）	期末余额	上年年末余额
流动资产：			流动负债：		
货币资金			短期借款		
交易性金融资产			交易性金融负债		
衍生金融资产			衍生金融负债		
应收票据			应付票据		
应收账款			应付账款		
应收款项融资			预收款项		
预付款项			合同负债		
其他应收款			应付职工薪酬		

续表

资　产	期末余额	上年年末余额	负债和所有者权益（或股东权益）	期末余额	上年年末余额
存货			应交税费		
合同资产			其他应付款		
持有待售资产			持有待售负债		
一年内到期的非流动资产			一年内到期的非流动负债		
其他流动资产			其他流动负债		
流动资产合计			流动负债合计		
非流动资产：			非流动负债：		
债权投资			长期借款		
其他债权投资			应付债券		
长期应收款			其中：优先股		
长期股权投资			永续债		
其他权益工具投资			租赁负债		
其他非流动金融资产			长期应付款		
投资性房地产			预计负债		
固定资产			递延收益		
在建工程			递延所得税负债		
生产性生物资产			其他非流动负债		
油气资产			非流动负债合计		
使用权资产			负债合计		
无形资产			所有者权益（或股东权益）：		
开发支出			实收资本（或股本）		
商誉			其他权益工具		
长期待摊费用			其中：优先股		
递延所得税资产			永续债		
其他非流动资产			资本公积		
非流动资产合计			减：库存股		
			其他综合收益		
			专项储备		
			盈余公积		
			未分配利润		
			所有者权益（或股东权益）合计		
资产总计			负债和所有者权益（或股东权益）总计		

证账表 2-124

利润表

会企 02 表

编制单位：　　　　　　　　　　　　__年__月　　　　　　　　　　　　单位：元

项　目	本期金额	上期金额
一、营业收入		
减：营业成本		
税金及附加		
销售费用		
管理费用		
研发费用		
财务费用		
其中：利息费用		
利息收入		
加：其他收益		
投资收益（损失以“-”号填列）		
其中：对联营企业和合营企业的投资收益		
以摊余成本计量的金融资产终止确认收益（损失以“-”号填列）		
净敞口套期收益（损失以“-”号填列）		
公允价值变动收益（损失以“-”号填列）		
信用减值损失（损失以“-”号填列）		
资产减值损失（损失以“-”号填列）		
资产处置收益（损失以“-”号填列）		
二、营业利润（亏损以“-”号填列）		
加：营业外收入		
减：营业外支出		
三、利润总额（亏损总额以“-”号填列）		
减：所得税费用		
四、净利润（净亏损以“-”号填列）		
（一）持续经营净利润（净亏损以“-”号填列）		
（二）终止经营净利润（净亏损以“-”号填列）		
五、其他综合收益的税后净额		
（一）不能重分类进损益的其他综合收益		
1. 重新计量设定受益计划变动额		
2. 权益法下不能转损益的其他综合收益		
3. 其他权益工具投资公允价值变动		
4. 企业自身信用风险公允价值变动		
……		
（二）将重分类进损益的其他综合收益		
1. 权益法下可转损益的其他综合收益		
2. 其他债权投资公允价值变动		
3. 金融资产重分类计入其他综合收益的金额		
4. 其他债权投资信用减值准备		
5. 现金流量套期储备		
6. 外币财务报表折算差额		
……		
六、综合收益总额		
七、每股收益		
（一）基本每股收益		
（二）稀释每股收益		

〔实训要求〕

一、正确编制资产负债表

1. 编制资产负债表首先要搜集、准备、整理有关资料，并对这些资料进行认真的审核，以保证资料真实、正确。

2. 按照国家规定的表格形式和项目内容逐项填写。其中，资产负债表中的“上年年末余额”，应根据上年年末资产负债表中的有关资料填列；“期末余额”根据已试算平衡的总账和明细账的余额直接填列，或根据已试算平衡的总账和明细账的余额之差（或之和）计算分析填列。

二、正确编制利润表

1. 编制利润表也应搜集、准备、整理有关资料，并对这些资料进行认真的审核，以保证编表资料真实、正确。

2. 按照国家规定的表格形式和项目内容逐项填写。表中“本期金额”应根据试算平衡后有关总账和明细账的本期发生额填列；表中“上期金额”反映截至报告期的累计发生总额。

3. 了解资产负债表和利润表之间的勾稽关系。

〔实训步骤〕

一、搜集、准备、整理和审核编制资产负债表和利润表所需要的资料。

二、按现行企业会计制度规定方法填列资产负债表中各项目。

三、按现行企业会计制度规定方法填列利润表中各项目。

四、核对资产负债表和利润表中有关项目是否正确，借以了解两表之间的勾稽关系。

〔实训思考〕

一、为什么要编制资产负债表和利润表？

二、如何编制资产负债表和利润表？

三、编制资产负债表和利润表应注意哪些问题？

四、资产负债表和利润表存在哪些勾稽关系？

五、资产负债表和利润表的内容与其理论依据有什么关系？

六、编制资产负债表和利润表的直接依据是什么？

七、怎样编写实训十一的实训报告？

〔实训提示〕

一、资产负债表的编制基础是试算平衡表和总分类账户本期发生额及余额对照表，但总账中的会计科目和资产负债表中的项目不是一一对应的，这就要求资产负债表的编制人员要根据总账中的会计科目期末余额分析填列。例如，资产负债表中的货币资金项目应根据总账中的库存现金和银行存款等科目期末余额合计填列，存货项目应根据总账中的原材料、在产品、产成品等科目期末余额合并填列。

二、资产负债表是根据总账科目的期末余额分析填列，利润表则是根据总账科目本期发生额填列。

第三篇　会计综合模拟实训

综合模拟实训是在各单项模拟实训的基础上，按各种会计核算形式所进行的系统的、全面的实训。

本实训模拟一制造业企业，企业名称为大连利和电机股份有限公司，2021 年 12 月主要产品有 A、B、C、D 四种产品，本月共发生经济业务 76 笔，根据这些经济业务，分别进行记账凭证核算形式、科目汇总表核算形式、汇总记账凭证核算形式的模拟实训。

通过本篇实训，使学生掌握制造业企业各种会计核算形式的特点，了解各种会计核算形式下账务处理程序的优缺点，明确对不同类型的企业，要采用不同的会计核算形式，从而系统、全面、连续、有效地核算和监督企业资金运动的过程和结果，并掌握其操作的基本程序和方法。

/实训一　记账凭证核算形式实训

记账凭证账务处理程序是最基本的一种账务处理程序。它的主要特点是直接根据记账凭证逐笔登记总分类账。在这一程序中，记账凭证可以使用通用记账凭证，也可以使用收款凭证、付款凭证和转账凭证。需要设置库存现金日记账、银行存款日记账、明细账和总账，其中，库存现金日记账、银行存款日记账和总账一般采用三栏式、多栏式和数量金额式。

〔实训目的〕

通过该项实训，使学生熟悉在记账凭证核算形式下，凭证的编制、账簿的组织以及记账程序的基本内容，并能进行记账程序的实际操作。

〔实训资料〕

一、模拟实训主体情况

企业名称：大连利和电机股份有限公司

开户银行：中国工商银行大连分行星海支行

银行账号：3400221857596221172（存款户）　3400234857596779913（贷款户）

纳税人类别：一般纳税人

纳税人识别号：91210204777232456F

执行税率：增值税税率13%；所得税税率25%

企业注册地址：大连市连山街123号

联系电话：0411-81232567

邮政编码：116025

主营业务：电机生产制造与销售

会计核算组织：公司财务部一级核算

机构设置：公司下设生产车间、办公室、财务部、销售部、车队等

企业有关人员名单：法人代表——张宝林（董事长）；总经理——王建生；总会计师——张雨林；财务科长——刘宏；记账会计——赵艺；出纳——王玲；稽核——万芳；销售部开票人——白杰；仓库保管员——刘文；仓库负责人——刘光明

二、该公司 2021 年 12 月初的有关资料

1. 各总账账户的期初余额资料（见表 3-1）

表 3-1

账户（科目）期初余额表

2021 年 12 月 1 日

单位：元

账户名称	借方	贷方
库存现金	2 580	
银行存款	824 850	
原材料	372 800	
库存商品	563 400	
应收账款	460 000	
预付账款	9 000	
其他应收款	16 370	
生产成本	120 000	
固定资产	2 050 000	
在建工程	240 000	
短期借款		1 000 000
应付账款		285 000
应付职工薪酬		66 000
其他应付款		2 800
应交税费		15 200
应付利息		5 000
本年利润		300 000
累计折旧		360 000
实收资本		2 000 000
资本公积		300 000
盈余公积		200 000
利润分配		125 000
合　计	4 659 000	4 659 000

2. 各有关明细账户的期初余额资料

（1）“应收账款”明细账户期初余额：

应收账款——沈阳机床	220 000
——丹东海华	85 000
——大连国泰	52 000
——本溪诚信	103 000

（2）“应付账款”明细账户期初余额：

应付账款——本溪钢厂	120 000
——光明家具公司	65 000
——本溪有色金属	28 000
——铁岭贸易公司	72 000

（3）“应交税费”明细账户期初余额：

应交税费——应交城市维护建设税	2 240
——应交教育费附加	960
——应交增值税	12 000

（4）“生产成本”明细账户期初余额：

生产成本——A 产品	36 000
——B 产品	42 000
——C 产品	30 000
——D 产品	12 000

其中：A 产品成本中的材料费 29 950 元、人工费 5 625 元、制造费用 425 元；B 产品成本中的材料费 24 750 元、人工费 16 100 元、制造费用 1 150 元。

（5）“其他应收款”明细账户期初余额：

其他应收款——王黎民	3 000
——张军	1 500
——李胜利	8 000
——刘杰	3 870

（6）“库存商品”明细账户期初余额（见表 3-2）：

表 3-2 **“库存商品”明细账户期初余额表** 金额单位：元

产品名称	单　位	数　量	单　价	余　额
A	件	320	1 200	384 000
B	件	200	580	116 000
C	件	140	400	56 000
D	件	100	74	7 400

（7）“原材料”明细账户期初余额（见表 3-3）：

表 3-3 **“原材料”明细账户期初余额表** 金额单位：元

原材料名称	单 位	数 量	单 价	余 额
甲	千克	2 400	85	204 000
乙	千克	400	65	26 000
丙	千克	1 000	120	120 000
丁	千克	570	40	22 800

该企业发出材料按加权平均法计价。另外，记账凭证要求采用收、付、转记账凭证进行编制。

三、该公司 12 月份发生的经济业务

1. 12 月 1 日，出纳员开出现金支票一张，金额 10 000 元，以补充库存现金（见证账表 3-1）。

证账表 3-1

中国工商银行
现金支票存根
10209110
02205651

附加信息

出票日期 2021 年 12 月 1 日

收款人：	大连利和电机股份有限公司
金 额：	¥10 000.00
用 途：	备用金

单位主管 刘 宏 会计 王 玲

2. 12 月 1 日，办公室购买办公用纸，支付现金 1 084.80 元（见证账表 3-2）。

证账表 3-2

大连增值税专用发票

№00883520

2144566170　　发　票　联　　开票日期：2021 年 12 月 1 日

购买方	名　称：大连利和电机股份有限公司 纳税人识别号：91210204777232456F 地 址 、电 话：大连市连山街 123 号　0411-81232567 开户行及账号：中国工商银行大连分行星海支行 340022185759622117 2			密码区	（略）		
货物或应税劳务、服务名称	规格型号	单位	数量	单价	金额	税率	税额
打印纸		包	48	20.00	960.00	13%	124.80
合　计					¥960.00		¥124.80
价税合计（大写）	⊗壹仟零捌拾肆元捌角整					（小写）	¥1 084.80
销售方	名　称： 纳税人识别号：　（略） 地 址 、电 话： 开户行及账号：			备注			

收款人：王丹　　复核：　　开票人：刘佳　　销售方：（章）

第三联：发票联　购买方记账凭证

3. 12 月 1 日，采购员张军出差预借差旅费 3 000 元，以现金支付（见证账表3-3）。

证账表 3-3

借　　据（记账）

辽财会账证 48 号　　大连市财政局 ★ 检印

2021 年 12 月 1 日

借款单位	※供销科	姓名	※张军	级别	※科员	出差地点	※ 鞍山
						天　　数	※5 天
事由	※参加订货会		借款金额（大写）	※叁仟元整			¥3 000.00
部　门 负责人 签　署		借款人 签　章		注意事项	一、有※者由借款人填写 二、凡借用公款必须使用本单 三、第三联为正式借据，由借款人和部门负责人签章 四、出差返回后三日内结算		
单位领导 或授权人 批　示		审核意见					

4. 12月1日，收到丹东海华公司前欠包装材料款26 800元（见证账表3-4）。

证账表3-4

自助回单专用凭证　ICBC 中国工商银行　业务回单（收款）

日期：2021年12月01日

回单编号：（略）

付款人户名：丹东海华公司　　付款人开户行：工行丹东分行元宝支行

付款人账号（卡号）：（略）

收款人户名：大连利和电机股份有限公司　　收款人开户行：中国工商银行大连分行星海支行

收款人账号（卡号）：3400221857596221172

金额：贰万陆仟捌佰元整　　小写：26 800.00元

业务（产品）种类：　　凭证种类：　　凭证号码：

摘要：货款　　用途：货款　　币种：人民币

交易机构：　　记账柜员：　　交易代码：　　渠道：网上银行

用途：货款　　汇出行：　　汇出行名称：　　汇入行：

本回单为第1次打印，注意重复　打印日期：2021年12月01日　打印柜员：　　验证码：

5. 12月2日，从本溪五金公司购烤箱一台，取得增值税专用发票，发票注明单价27 778元，增值税税额3 611.14元，货已验收入库，货款已付，烤箱交餐厅使用（见证账表3-5、证账表3-6、证账表3-7）。

证账表3-5　　**辽宁增值税专用发票**　　№01804352

2667051170　　**发　票　联**　　开票日期：2021年12月2日

购买方	名　　称：大连利和电机股份有限公司 纳税人识别号：91210204777232456F 地 址 、电 话：大连市连山街123号　0411-81232567 开户行及账号：中国工商银行大连分行星海支行 3400221857596221172				密码区	（略）	
货物或应税劳务、服务名称	规格型号	单位	数量	单价	金额	税率	税额
烤箱	MD-100	台	1	27 778.00	27 778.00	13%	3 611.14
合　计					¥27 778.00		¥3 611.14
价税合计（大写）	⊗叁万壹仟叁佰捌拾玖元壹角肆分				（小写）¥31 389.14		
销售方	名　　称：本溪五金公司 纳税人识别号： 地 址 、电 话：（略） 开户行及账号：				备注		

第三联：发票联　购买方记账凭证

收款人：林凡　　复核：　　开票人：刘小兰　　销售方：（章）

证账表 3-6

自助回单专用凭证　ICBC 中国工商银行 业务回单（付款）

日期：2021 年 12 月 02 日

回单编号：

付款人户名：大连利和电机股份有限公司　　付款人开户行：中国工商银行大连分行星海支行

付款人账号（卡号）：3400221857596221172

收款人户名：本溪五金公司　　收款人开户行：（略）

收款人账号（卡号）：（略）

金额：叁万壹仟叁佰捌拾玖元壹角肆分　　小写：31 389. 14 元

业务（产品）种类：货款　　凭证种类：　　凭证号码：

摘要：货款　　用途：　　币种：人民币

交易机构：　　记账柜员：　　交易代码：　　渠道：网上银行

附言：

支付交易序号：　　报文种类：　　委托日期：2021-12-02

业务类型（种类）：　　指令编号：　　提交人：

最终授权人：

本回单为第 1 次打印，注意重复　打印日期：2021 年 12 月 02 日　打印柜员：　　验证码：

证账表 3-7

固定资产验收单

2021 年 12 月 2 日　　编号：00237

名称	规格型号	来　源		数　量	原始价值	使用年限	预计残值
烤箱	MD-100	购入		1	27 778 元	10 年	0
运杂费	总造价	建造单位		交工日期		附　件	
				2021 年 12 月 2 日			
验收部门	供应部	验收人员	丛军	管理部门	办公室	管理人员	刘光
备注							

6. 12 月 2 日，发放职工困难补助金 5 800 元（见证账表 3-8）。

证账表 3-8

职工困难补助发放表

2021 年 12 月 2 日

姓名	补助金额（元）	签名	备注
王　洋	800.00		
葛　晶	1 000.00		
顾玉菲	1 000.00		
白　杰	1 000.00		
刘富天	1 000.00		
高贵根	1 000.00		
合　计	¥5 800.00		

制表：赵艺　　审核：万芳　　审批：张宝林

7. 12 月 2 日，购现金支票，以银行存款支付费用 32 元（见证账表 3-9）。

证账表 3-9

ICBC 中国工商银行　　凭证

交易代码：2142　地区号：03400　网点号：00031　柜员号：06885　授权柜员号：

交易序号：0001　工作日期：2021-12-02

使用凭证账号：　　客户编号：　　收费方式：转账　　收费币种：人民币

账户名称：大连利和电机股份有限公司

交易功能：预约购买凭证预售　　订单编号：　　领取方式：网点领取

凭证种类：处理情况：购买本数：凭证号码段 1：凭证号码段 2：凭证号码段 3：工本费：手续费：

转账支票　预售　1　　10.00　22.00

预计费用合计：　32.00　折后费用合计：　32.00

工本费付费账号：340022185759622117 2

工本费付费户名：大连利和电机股分有限公司

手续费付费账号：3400221857596221172

手续费付费户名：大连利和电机股份有限公司

转账信息：

转账借方笔数：1　金额：32.00　转账贷方笔数：0　金额：0.00

8. 12 月 3 日，王黎民报销差旅费 1 830 元，退回现金 1 170 元（见证账表 3-10）。

证账表 3-10

辽财会账证 50 号　　（大连市财政局检印）

差旅费报销单

单位：　　　　　　　　　　　　　　　　　　　　　　　　2021 年 12 月 3 日填

月	日	时间	出发地	月	日	时间	到达地	机票费	车（船）费	卧铺费	夜行车补助		市内交通费		宿费			出差补助		其他	合计
											小时	金额	实支	包干	标准	实支	提成扣减	天数	金额		
11	25	20：00	大连	11	26	6：00	北京			350			40			840		5	250		1 480
11	29	20：00	北京	11	30	6：00	大连			350											350
合计										700			40			840			250		1 830

出差任务	开会	报销金额（大写）	人民币：壹仟捌佰叁拾零元零角零分			预借金额	3 000
		单位领导	张宝林	部门负责人	刘宏	报销金额	1 830
				出差人	王黎民	结余或超支	1 170

会计主管人员 刘宏　　　记账 赵艺　　　审核 万芳　　　附单据 5 张

9. 12 月 3 日，向沈阳机床厂购买丙材料 2 000 千克，单价 120 元/千克。该材料已到，货款已付（见证账表 3-11、证账表 3-12、证账表 3-13）。

证账表 3-11

辽宁增值税专用发票　　№01804355

2102054820　　　　发　票　联　　　　开票日期：2021 年 12 月 3 日

购买方	名　　称：大连利和电机股份有限公司 纳税人识别号：91210204777232456F 地 址 、电 话：大连市连山街 123 号　0411-81232567 开户行及账号：中国工商银行大连分行星海支行 340022185759622117 2				密码区	（略）	
货物或应税劳务、服务名称	规格型号	单位	数量	单价	金额	税率	税额
丙材料	PK	千克	2 000	120.00	240 000.00	13%	31 200.00
合　计					¥240 000.00		¥31 200.00
价税合计（大写）	⊗贰拾柒万壹仟贰佰元整					（小写）¥271 200.00	
销售方	名　　称：沈阳机床厂 纳税人识别号： 地 址 、电 话：　（略） 开户行及账号：				备注		

第三联：发票联　购买方记账凭证

收款人：柴建设　　　复核：　　　开票人：陆飞　　　销售方：（章）

证账表 3-12

自助回单专用凭证 ICBC 中国工商银行 业务回单（付款）

日期：2021 年 12 月 03 日

回单编号：（略）

付款人户名：大连利和电机股份有限公司　　付款人开户行：中国工商银行大连分行星海支行

付款人账号（卡号）：3400221857596221172

收款人户名：沈阳机床厂　　收款人开户行：（略）

收款人账号（卡号）：（略）

金额：贰拾柒万壹仟贰佰元整　　小写：271 200. 00 元

业务（产品）种类：　　凭证种类：　　凭证号码：

摘要：货款　　用途：货款　　币种：人民币

交易机构：　　记账柜员：　　交易代码：　　渠道：网上银行

附言：

支付交易序号：　　报文种类：　　委托日期：2021-12-03

业务类型（种类）：　　指令编号：　　提交人：

最终授权人：

本回单为第 1 次打印，注意重复　打印日期：2021 年 12 月 03 日　打印柜员：　验证码：

证账表 3-13

材料验收入库单 ⑤报　账　　№0014638

供应单位：沈阳机床厂

发货票号码：　　2021 年 12 月 3 日　　收料仓库：　　支票号码：

类别	材料名称	规格	型号	单位	数量		实际价格		计划价格		差异金额
					购入	实收	单价	金额	单价	金额	
	丙材料	PK		千克	2 000	2 000	120	240 000			
备注					运杂费						
					总计金额						

附件　张

保管员：刘文　　采购员：王华

10. 12 月 3 日，偿还前欠本溪钢厂货款 100 000 元（见证账表 3-14）。

证账表3-14

ICBC 中国工商银行 01550258

业务委托书 APPLICATION FOR MONEY TRANSFER 大B 01550258 委托日期 Date 2021年12月3日

业务类型 Type	☐现金汇款 Cash Remittance ☑转账汇款 Transfer Remittance ☐汇票申请书 D/D ☐本票申请书 P/D ☐其他 Others		
委托人 Principal 全称 Full Name	大连利和电机股份有限公司	收款人 Payee 全称 Full Name	本溪钢厂
账号或地址 Account No. or Addr.	3400221857596221172	账号或地址 Account No. or Addr.	（略）
开户行名称 Account Bank Name	中国工商银行大连分行星海支行	开户行名称 Account Bank Name	（略）
汇款方式 Type of Remittance	☑普通 Regular ☐加急 Urgent 加急汇款签字 Signature For Urgent Payment	开户银行 Account Bank	省 Province 市 City
币种及金额（大写） Currency and Amount in Words	壹拾万元整	亿千百十万千百十元角分	¥10000000
用途 In Payment of	货款	支付密码 S.C.	

委托人确认上列委托信息填写正确，且已完全理解和接受背面“客户须知”的内容。上列款项及相关费用请从委托人账户内支付。
The above information has been confirmed correctly.The notice has been fully understood and accepted.The above remittance and related charges will be drawn from the referent account.

加验密码

委托人签章 Principal Signature and/or Stamp

银行填写 Bank Use	☐联动收费 ☐非联动收费 ☐不收费	备注： Remarks

受理（扫描）： 审核：

ICBC 中国工商银行

业务委托书 APPLICATION FOR MONEY TRANSFER 回执 ACKNOMLEOREAENI

大B 01550258

委托人全称 Name of Principal	大连利和电机股份有限公司
委托人账号 A/C of Principal	3400221857596221172
收款人全称 Name of Payee	
收款人账号 A/C of Payee	
金额 Amount	
委托日期 Date	

此联为银行受理通知书。若委托人申请汇票或本票业务，应凭此联领取汇票或本票。
This paper is the bank acceptance advice. For draft or promissory note application, please return this paper.

11. 12 月 4 日，向大连化物所购买专利，开出转账支票付款 100 000 元（见证账表 3-15）。

证账表 3-15

中国工商银行
转账支票存根
10209130
07000812

附加信息

出票日期 2021 年 12 月 4 日

收款人：	大连化物所
金　额：	¥100 000.00
用　途：	专利费

单位主管 刘宏　　会计 赵艺

中国工商银行 转账支票　　07000812 加验密码　10209130 07000812

出票日期（大写）贰零贰壹年壹拾贰月零肆日　付款行名称：中国工商银行大连分行星海支行

收款人：大连化物所　出票人账号：340022185759622117２

付款期限自出票之日起十天

人民币（大写）	亿	千	百	十	万	千	百	十	元	角	分
壹拾万元整			¥	1	0	0	0	0	0	0	0

用途 专利费　　密码

上列款项请从　　行号

我账户内支付

出票人签章　　复核　　记账

12. 12 月 4 日，支付山东烟台海运公司销售产品运费 50 140 元（见证账表 3-16、证账表 3-17）。

证账表 3-16

山东增值税专用发票　　№00287456

2131511701　　发　票　联　　开票日期：2021 年 12 月 4 日

购买方	名称：大连利和电机股份有限公司 纳税人识别号：91210204777232456F 地址、电话：大连市连山街 123 号 0411-81232567 开户行及账号：中国工商银行大连分行星海支行 340022185759622117２			密码区	（略）		
货物或应税劳务、服务名称	规格型号	单位	数量	单价	金额	税率	税额
*运输服务*运费			100	460.00	46 000.00	9%	4 140.00
合　计					¥46 000.00		¥4 140.00
价税合计（大写）	⊗伍万零壹佰肆拾元整				（小写）¥50 140.00		
销售方	名称：山东烟台海运公司 纳税人识别号： 地址、电话：（略） 开户行及账号：			备注			

第三联：发票联　购买方记账凭证

收款人：　　复核：　　开票人：　　销售方：（章）

证账表 3-17

ICBC 中国工商银行　　托收凭证（付款通知）5

委托日期 2021 年 12 月 4 日

业务类型	委托收款（□邮划、□电划）　托收承付（□邮划、□电划）						
付款人	全称	大连利和电机股份有限公司		收款人	全称	山东烟台海运公司	
	账号	340022185759622 1172			账号	（略）	
	地址	辽宁省大连市/县	开户行：中国工商银行大连分行星海支行		地址	山东省烟台市/县	开户行：中国建设银行烟台分行
金额	人民币（大写）伍万零壹佰肆拾元整					亿千百十万千百十元角分：¥5014000	
款项内容	运费	托收凭据名称		附寄单证张数			
商品发运情况		合同名称号码					
备注： 付款人开户银行收到日期： 年　月　日 复核　记账		付款人开户银行签章 年　月　日		付款人注意： 1. 根据支付结算办法，上列委托收款（托收承付）款项在付款期限内未提出拒付，即视为同意付款，以此代付款通知。 2. 如需提出全部或部分拒付，应在规定期限内，将拒付理由书并附债务证明退交开户银行。			

此联作付款人开户银行给付款人按期付款通知

13. 12 月 4 日，支付捷达汽车修配厂汽车修理费 8 136 元（见证账表 3-18、证账表 3-19）。

证账表 3-18

大连增值税专用发票　　№00299520

2104751170　　发　票　联　　开票日期：2021 年 12 月 4 日

购买方	名称：大连利和电机股份有限公司 纳税人识别号：91210204777232456F 地址、电话：大连市连山街 123 号　0411-81232567 开户行及账号：中国工商银行大连分行星海支行 340022185759622 1172				密码区	（略）		
货物或应税劳务、服务名称		规格型号	单位	数量	单价	金额	税率	税额
修车费					7 200.00	7 200.00	13%	936.00
合计						¥7 200.00		¥936.00
价税合计（大写）	⊗捌仟壹佰叁拾陆元整					（小写）¥8 136.00		
销售方	名称：捷达汽车修配厂 纳税人识别号： 地址、电话：　（略） 开户行及账号：				备注			

收款人：　　复核：　　开票人：　　销售方：（章）

第三联：发票联　购买方记账凭证

证账表 3-19

中国工商银行转账支票存根	中国工商银行 转账支票
中国工商银行 转账支票存根 10209130 07000813	07000813 加验密码 10209130 07000813
附加信息	出票日期（大写）贰零贰壹年壹拾贰月零肆日　付款行名称：中国工商银行大连分行星海支行
	收款人：捷达汽车修配厂　出票人账号：340022185759622 1172
出票日期 2021 年 12 月 4 日	人民币（大写）捌仟壹佰叁拾陆元整　亿千百十万千百十元角分 ¥813600
收款人：捷达汽车修配厂	用途 修车费　密码
金　额：¥8 136.00	上列款项请从我账户内支付　行号
用　途：修车费	出票人签章　复核　记账
单位主管 刘宏　会计 赵艺	付款期限自出票之日起十天

14. 12 月 4 日，收到大连国泰公司归还前欠货款 52 000 元（见证账表3-20）。

证账表 3-20　ICBC 中国工商银行 进账单（收账通知） 3

2021 年 12 月 4 日

出票人	全　称	大连国泰公司	收款人	全　称	大连利和电机股份有限公司
	账　号	740580801500678		账　号	340022185759622 1172
	开户银行	招商银行开发区支行		开户银行	中国工商银行大连分行星海支行
金额	人民币（大写）	伍万贰仟元整		亿千百十万千百十元角分	¥5200000
票据种类		票据张数			
票据号码					
复核　记账				收款人开户银行签章	

此联是收款人开户银行交给收款人的收账通知

15. 12 月 5 日，偿还前欠沈阳光明家具公司货款 50 000 元（见证账表 3-21）。

证账表 3-21

ICBC 中国工商银行 01550258

业务委托书 APPLICATION FOR MONEY TRANSFER 大B 01550258 委托日期 Date 2021年12月5日

业务类型 Type	☐现金汇款 Cash Remittance ☑转账汇款 Transfer Remittance ☐汇票申请书 D/D ☐本票申请书 P/D ☐其他 Others		
委托人 Principal 全称 Full Name	大连利和电机股份有限公司	收款人 Payee 全称 Full Name	沈阳光明家具公司
账号或地址 Account No. or Addr.	340022185759622117２	账号或地址 Account No. or Addr.	（略）
开户行名称 Account Bank Name	中国工商银行大连分行星海支行	开户行名称 Account Bank Name	上海浦东发展银行沈阳分行
汇款方式 Type of Remittance	☑普通 Regular ☐加急 Urgent 加急汇款签字 Signature For Urgent Payment	开户银行 Account Bank	辽宁 省 Province 沈阳 市 City
币种及金额（大写）Currency and Amount in Words	伍万元整	亿千百十万千百十元角分	¥5000000
用途 In Payment of		支付密码 S.C.	

委托人确认上列委托信息填写正确，且已完全理解和接受背面“客户须知”的内容。上列款项及相关费用请从委托人账户内支付。
The above information has been confirmed correctly.The notice has been fully understood and accepted.The above remittance and related charges will be drawn from the referent account.

加验密码

委托人签章 Principal Signature and/or Stamp

银行填写 Bank Use	☐联动收费 ☐非联动收费 ☐不收费	备注：Remarks

受理（扫描）：　　审核：

ICBC 中国工商银行

业务委托书 APPLICATION FOR MONEY TRANSFER 回执 ACKNOMLEOREAENI

大B 01550258

委托人全称 Name of Principal	大连利和电机股份有限公司
委托人账号 A/C of Principal	3400221857596221172
收款人全称 Name of Payee	
收款人账号 A/C of Payee	
金额 Amount	
委托日期 Date	

此联为银行受理通知书。若委托人申请汇票或本票业务，应凭此联领取汇票或本票。
This paper is the bank acceptance advice. For draft or promissory note application, please return this paper.

16. 12 月 5 日，向大连友谊材料厂购入乙材料 600 千克，单价 65 元/千克，材料已验收入库，货款已付（见证账表 3-22、证账表 3-23、证账表3-24）。

证账表 3-22

大连增值税专用发票 №00403620

2102057819　　发　票　联　　开票日期：2021 年 12 月 5 日

购买方	名　　称：大连利和电机股份有限公司 纳税人识别号：91210204777232456F 地 址 、电 话：大连市连山街 123 号　0411-81232567 开户行及账号：中国工商银行大连分行星海支行 34002218575962211					密码区	（略）	
货物或应税劳务、服务名称	规格型号	单位	数量	单价	金额	税率	税额	
乙材料	DK	元/千克	600	65.00	39 000.00	13%	5 070.00	
合　计					¥39 000.00		¥5 070.00	
价税合计（大写）	⊗肆万肆仟零柒拾元整					（小写）¥44 070.00		
销售方	名　　称：大连友谊材料厂 纳税人识别号： 地 址 、电 话：（略） 开户行及账号：					备注		

第三联：发票联　购买方记账凭证

收款人：刘竞非　　复核：　　开票人：马林杰　　销售方：（章）

证账表 3-23

中国工商银行
转账支票存根
10209130
07000814
附加信息

出票日期 2021 年 12 月 5 日
收款人：大连友谊材料厂
金　额：¥44 070.00
用　途：货款
单位主管 刘宏　　会计 赵艺

付款期限自出票之日起十天

中国工商银行 转账支票　07000814 加验密码　10209130 07000814

出票日期（大写）贰零贰壹年壹拾贰月零伍日　付款行名称：中国工商银行大连分行星海支行
收款人：大连友谊材料厂　出票人账号：3400221857596221172

人民币（大写）	亿	千	百	十	万	千	百	十	元	角	分
肆万肆仟零柒拾元整				¥	4	4	0	7	0	0	0

用途 货款　　密码
上列款项请从　　行号
我账户内支付
出票人签章　　复核　　记账

证账表 3-24

供应单位：大连友谊材料厂　　**材料验收入库单** ⑤报　账　　№0014639

发货票号码：＿＿＿＿　2021 年 12 月 5 日　收料仓库：＿＿＿＿　支票号码：＿＿＿＿

类别	材料名称	规格	型号	单位	数量		实际价格		计划价格		差异金额
					购　入	实　收	单　价	金　额	单　价	金　额	
	乙材料	DK		千克	600	600	65	39 000			
备注					运杂费						
					总计金额						

附件　张

保管员：刘文　　采购员：王英

17. 12 月 5 日，临时工崔红交员工宿舍押金 1 000 元（见证账表 3-25）。

证账表 3-25　　**专用收款收据存根**

辽财会账证 49 号　　收款日期 2021 年 12 月 5 日　　№0062552

付款单位（交款人）	崔红	收款单位（领款人）	大连利和电机股份有限公司	收款项目	
人民币（大写）	壹仟元整	千 百 十 万 千 百 十 元 角 分	¥ 1 0 0 0 0 0	结算方式	
收款事由	押金	经办	部门		
			人员		

上述款项照数收讫无误。收款单位财会专用章：（领款人签章）	会计主管	稽　核	出　纳	交款人
				崔红

第三联　收款单位记账依据

使用规定：1. 本收据只做非经营性专用收款收据，不能代替发票使用。2. 结算方式按现金、转账、付委、信汇、电汇、托收承付、托收无承付等方式分别填列。3. 本收据一式三联复写，不得涂改，如写错，不得撕掉要保留备查。

18. 12 月 5 日，支付《财务与会计》等杂志明年订阅费 1 800 元（见证账表 3-26、证账表 3-27）。

证账表 2-26　**中国邮政集团公司大连市分公司专用发票**

发　票　联

发票代码 121021703331

发票号码 00117556

用户名称	大连利和电机股份有限公司			
种　类	数　量	邮　费	其他费	金　额
杂志款		1 800.00	0.00	1 800.00
合计金额	壹仟捌佰元整		¥1 800.00	

第三联　报销凭证

收款单位（盖章）　　收款人：　　开票人：

金额超过拾万元无效

证账表 3-27

中国工商银行 转账支票存根 10209130 07000815	中国工商银行 转账支票　07000815 加验密码　10209130 07000815
附加信息	出票日期（大写）贰零贰壹年壹拾贰月零伍日　付款行名称：中国工商银行大连分行星海支行
	收款人：大连邮电局黑石礁营业所　出票人账号：3400221857596221172
	人民币（大写）壹仟捌佰元整　亿 千 百 十 万 千 百 十 元 角 分：¥ 1 8 0 0 0 0
出票日期 2021 年 12 月 5 日	用途 杂志款　密码
收款人：大连邮电局黑石礁营业所	上列款项请从　行号
金　额：¥1 800.00	我账户内支付
用　途：杂志款	出票人签章　复核　记账
单位主管 刘宏　会计 赵艺	付款期限自出票之日起十天

19. 12 月 6 日，签发转账支票，预付中国人民财产保险股份有限公司明年保险费 30 210 元（见证账表 3-28、证账表 3-29）。

证账表 3-28

大连增值税专用发票

№00131981

210205536　发　票　联　开票日期：2021 年 12 月 6 日

购买方	名　称：大连利和电机股份有限公司 纳税人识别号：91210204777232456F 地址、电话：大连市连山街 123 号　0411-81232567 开户行及账号：中国工商银行大连分行星海支行 3400221857596221172			密码区	（略）		
货物或应税劳务、服务名称	规格型号	单位	数量	单价	金额	税率	税额
设备意外损失险					28 500.00	6%	1 710.00
合　计					¥28 500.00		¥1 710.00
价税合计（大写）	⊗叁万零贰佰壹拾元整				（小写）¥30 210.00		
销售方	名　称：中国人民财产保险股份有限公司 纳税人识别号： 地址、电话：（略） 开户行及账号：			备注			

第三联：发票联　购买方记账凭证

收款人：　复核：　开票人：　销售方：（章）

证账表 3-29

中国工商银行 转账支票存根 10209130 07000816	中国工商银行 转账支票 10209130 07000816 加验密码 07000816
附加信息	出票日期（大写）贰零贰壹年壹拾贰月零陆日　付款行名称：中国工商银行大连分行星海支行
	收款人：中国人民财产保险股份有限公司大连分公司　出票人账号：3400221857596221172
	人民币（大写）叁万零贰佰壹拾元整　¥3 0 2 1 0 0 0
出票日期 2021 年 12 月 6 日	用途 保险费　密码
收款人：中保大连公司	上列款项请从　行号
金　额：¥30 210.00	我账户内支付
用　途：保险费	出票人签章　复核　记账
单位主管 刘宏　会计 赵艺	付款期限自出票之日起十天

20. 12 月 6 日，以现金购买办公用品 587.60 元（见证账表 3-30）。

证账表 3-30

大连增值税专用发票 №02933884

2109851170　发　票　联　开票日期：2021 年 12 月 6 日

购买方	名称：大连利和电机股份有限公司 纳税人识别号：91210204777232456F 地址、电话：大连市连山街 123 号 0411-81232567 开户行及账号：中国工商银行大连分行星海支行 3400221857596221172	密码区	（略）			
货物或应税劳务、服务名称	规格型号	单位	数量	单价	金额	税率	税额
打印纸 3-1		包	40	13.00	520.00	13%	67.60
合　计					¥520.00		¥67.60
价税合计（大写）	⊗伍佰捌拾柒元陆角整				（小写）¥587.60		
销售方	名称： 纳税人识别号： 地址、电话： 开户行及账号：（略）	备注				

第三联：发票联　购买方记账凭证

收款人：刘艳　复核：　开票人：钱萍　销售方：（章）

21. 12 月 6 日，从大连华城电脑公司购买电脑 5 台，单价 8 000 元/台，开出转账支票支付（见证账表 3-31、证账表 3-32）。

证账表 3-31

大连增值税专用发票　№00108680

2154951170　发　票　联　开票日期：2021 年 12 月 6 日

购买方	名　　称：大连利和电机股份有限公司 纳税人识别号：91210204777232456F 地 址 、电 话：大连市连山街 123 号　0411-81232567 开户行及账号：中国工商银行大连分行星海支行 340022185759622117 2			密码区	（略）		
货物或应税劳务、服务名称	规格型号	单位	数量	单价	金额	税率	税额
Dell 电脑		台	5	8 000. 00	40 000. 00	13%	5 200. 00
合　计					¥40 000. 00		¥5 200. 00
价税合计（大写）	⊗肆万伍仟贰佰元整				（小写）¥45 200. 00		
销售方	名　　称：大连华城电脑公司 纳税人识别号： 地 址 、电 话：　（略） 开户行及账号：			备注			

收款人：刘艳　复核：　开票人：钱萍　销售方：（章）

第三联：发票联　购买方记账凭证

证账表 3-32

中国工商银行
转账支票存根
10209130
07000817

附加信息

出票日期 2021 年 12 月 6 日

收款人：	大连华城电脑公司
金　额：	¥45 200. 00
用　途：	购买电脑

单位主管 刘宏　会计 赵艺

中国工商银行 转账支票　07000817 加验密码　10209130 07000817

出票日期（大写）贰零贰壹年壹拾贰月零陆日　付款行名称：中国工商银行大连分行星海支行

收款人：大连华城电脑公司　出票人账号：340022185759622117 2

人民币（大写）	亿	千	百	十	万	千	百	十	元	角	分
肆万伍仟贰佰元整				¥	4	5	2	0	0	0	0

付款期限自出票之日起十天

用途 购买电脑　密码

上列款项请从　行号

我账户内支付

出票人签章　复核　记账

22. 12 月 7 日，销售给大连美达电器厂 A 产品 200 件，单价 3 000 元/件；销售 D 产品 60 件，单价 200 元/件，货款已收到（见证账表 3-33、证账表 3-34）。

证账表 3-33

大连增值税专用发票

№00103041

2102987170　　此联不作报销、扣税凭证使用　　开票日期：2021 年 12 月 7 日

购买方	名　　称：大连美达电器厂 纳税人识别号： 地 址 、电 话：（略） 开户行及账号：					密码区	（略）	
货物或应税劳务、服务名称	规格型号	单位	数量	单价	金额	税率	税额	
A 产品	JQ	件	200	3 000.00	600 000.00	13%	78 000.00	
D 产品	KW	件	60	200.00	12 000.00	13%	1 560.00	
合　计					¥612 000.00		¥79 560.00	
价税合计（大写）	⊗陆拾玖万壹仟伍佰陆拾元整					（小写）¥691 560.00		
销售方	名　　称：大连利和电机股份有限公司 纳税人识别号：91210204777232456F 地 址 、电 话：大连市连山街 123 号 0411-81232567 开户行及账号：中国工商银行大连分行星海支行 3400221857596221172					备注		

收款人：王玲　　复核：　　开票人：白杰　　销售方：（章）

第一联：记账联　销售方记账凭证

证账表 3-34

ICBC 中国工商银行 进账单（收账通知） 3

2021 年 12 月 7 日

出票人	全　称	大连美达电器厂	收款人	全　称	大连利和电机股份有限公司
	账　号	（略）		账　号	3400221857596221172
	开户银行	（略）		开户银行	中国工商银行大连分行星海支行

金额	人民币（大写）	亿	千	百	十	万	千	百	十	元	角	分
	陆拾玖万壹仟伍佰陆拾元整			¥	6	9	1	5	6	0	0	0

票据种类		票据张数		
票据号码				
复核　　记账				收款人开户银行签章

此联是收款人开户银行交给收款人的收账通知

23. 12 月 7 日，以银行存款支付增值税、城市维护建设税和教育费附加等（见证账表 3-35、证账表 3-36）。

证账表 3-35

中华人民共和国
税收完税证明

No.（略）

填发日期：2021 年 12 月 7 日　　　　税务机关：（略）

纳税人识别号	91210204777232456F	纳税人名称	大连利和电机股份有限公司		
原凭证号	税　种	品目名称	税款所属时期	入（退）库日期	实缴（退）金额
	增值税		2021-11-01 至 2021-11-30	2021-12-07	12 000.00
金额合计	（大写）壹万贰仟元整				¥12 000.00
税务机关（盖章）	填票人	备注：（略）			

收据联　交纳税人作完税证明

妥善保管

证账表 3-36

中华人民共和国
税收完税证明

No.（略）

填发日期：2021 年 12 月 7 日　　　　税务机关：（略）

纳税人识别号	91210204777232456F	纳税人名称	大连利和电机股份有限公司		
原凭证号	税　种	品目名称	税款所属时期	入（退）库日期	实缴（退）金额
	城市建设维护税		2021-11-01 至 2021-11-30	2021-12-07	2 240.00
	教育费附加		2021-11-01 至 2021-11-30	2021-12-07	960.00
金额合计	（大写）叁仟贰佰元整				¥3 200.00
税务机关（盖章）	填票人	备注：（略）			

收据联　交纳税人作完税证明

妥善保管

24. 12 月 7 日，支付前欠本溪有色金属公司货款 28 000 元（见证账表 3-37）。

证账表3-37

ICBC 中国工商银行 01550261

业务委托书 APPLICATION FOR MONEY TRANSFER　大B 01550261　委托日期 Date 2021年 Y 12月 M 7日 D

业务类型 Type	☐现金汇款 Cash Remittance　☑转账汇款 Transfer Remittance　☐汇票申请书 D/D　☐本票申请书 P/D　☐其他 Others			
委托人 Principal	全称 Full Name	大连利和电机股份有限公司	收款人 Payee 全称 Full Name	本溪有色金属公司
	账号或地址 Account No. or Addr.	3400221857596221172	账号或地址 Account No. or Addr.	（略）
	开户行名称 Account Bank Name	中国工商银行大连分行星海支行	开户行名称 Account Bank Name	交通银行本溪分行
汇款方式 Type of Remittance	☑普通 Regular　☐加急 Urgent　加急汇款签字 Signature For Urgent Payment		开户银行 Account Bank	辽宁 省 Province 本溪 市 City
币种及金额（大写） Currency and Amount in Words	贰万捌仟元整		亿 千 百 十 万 千 百 十 元 角 分	¥ 2 8 0 0 0 0 0
用途 In Payment of			支付密码 S.C.	

委托人确认上列委托信息填写正确，且已完全理解和接受背面“客户须知”的内容。上列款项及相关费用请从委托人账户内支付。
The above information has been confirmed correctly.The notice has been fully understood and accepted.The above remittance and related charges will be drawn from the referent account.

加验密码

委托人签章 Principal Signature and/or Stamp

银行填写 Bank Use	☐联动收费　☐非联动收费　☐不收费	备注: Remarks

受理（扫描）:　　审核:

ICBC 中国工商银行

业务委托书 回执 APPLICATION FOR MONEY TRANSFER ACKNOMLEOREAENI

大B 01550261

委托人全称 Name of Principal	大连利和电机股份有限公司
委托人账号 A/C of Principal	3400221857596221172
收款人全称 Name of Payee	
收款人账号 A/C of Payee	
金额 Amount	
委托日期 Date	

此联为银行受理通知书。若委托人申请汇票或本票业务，应凭此联领取汇票或本票。
This paper is the bank acceptance advice. For draft or promissory note application, please return this paper.

25. 12 月 7 日，办理银行转账业务，支付手续费 35 元（见证账表 3-38）。

证账表 3-38

业务回单（付款）

日期：2021 年 12 月 07 日

回单编号：

付款人户名：大连利和电机股份有限公司　　付款人开户行：中国工商银行大连分行星海支行

付款人账号（卡号）：3400221857596221172

收款人户名：　　收款人开户行：

收款人账号（卡号）：

金额：叁拾伍元整　　小写：35.00 元

业务（产品）种类：转账收款　　凭证种类：凭证号码：

摘要：　　用途：　　币种：人民币

交易机构：　　记账柜员：　　交易代码：　　渠道：其他

附言：

支付交易序号：　　报文种类：　　委托日期：2021-12-07

业务类型（种类）：　　原发报金额

本回单为第 1 次打印，注意重复　打印日期：2021 年 12 月 07 日　打印柜员：　验证码：

26. 12 月 8 日，开出支票支付业务招待费 6 169.20 元（见证账表 3-39、证账表3-40）。

证账表 3-39

大连增值税专用发票　　№01449420

2105743040　　发　票　联　　开票日期：2021 年 12 月 8 日

购买方	名　称：大连利和电机股份有限公司 纳税人识别号：91210204777232456F 地 址 、电 话：大连市连山街 123 号　0411-81232567 开户行及账号：中国工商银行大连分行星海支行 3400221857596221172			密码区	（略）		
货物或应税劳务、服务名称	规格型号	单位	数量	单价	金额	税率	税额
*餐饮服务*餐费					5 820.00	6%	349.20
合　计					￥5 820.00		￥349.20
价税合计（大写）	⊗陆仟壹佰陆拾玖元贰角整					（小写）￥6 169.20	
销售方	名　称： 纳税人识别号： 地 址 、电 话： 开户行及账号：　（略）			备注			

收款人：齐光　　复核：　　开票人：王兰　　销售方：（章）

第三联：发票联　购买方记账凭证

证账表 3-40

中国工商银行 转账支票存根 10209130 07000818 附加信息 出票日期 2021 年 12 月 8 日 收款人：渔港酒家 金　额：¥6 169.20 用　途：餐费 单位主管 刘宏　　会计 赵艺	中国工商银行 转账支票　07000818 加验密码　10209130 07000818 出票日期（大写）贰零贰壹年壹拾贰月零捌日　付款行名称：工行大连分行星海支行 收款人：大连沙河口区渔港酒家　出票人账号：340022185759622117 2 人民币（大写）陆仟壹佰陆拾玖元贰角整　¥6169.20 用途 餐费　密码 上列款项请从　行号 我账户内支付 出票人签章　复核　记账 付款期限自出票之日起十天

27. 12 月 8 日，以现金购买报关知识手册，支付 18 元（见证账表 3-41）。

证账表 3-41

辽宁省非税收入统一收据

验证码：1800337762

填制日期：2021 年 12 月 8 日　辽财政监大字第 002 号　缴款方式：

缴款凭证号码		缴款人	大连利和电机股份有限公司		
执收单位编码		执收单位名称			
收入项目编码	收入项目名称	单位	数量	收缴标准	金额
	报关知识手册		1.00	18.00	18.00
金额合计	人民币（大写）：壹拾捌元整				

第一联 收据

执收单位财务专用章　　收款人（签章）

28. 12 月 9 日，从大连市起重设备厂购入不需安装机器一台，价款 165 000 元，增值税税额 21 450 元，开出转账支票支付，该固定资产已交车间使用（见证账表3-42、证账表 3-43、证账表 3-44）。

证账表 3-42

大连增值税专用发票 №00101639

2102059846　　发　票　联　　开票日期：2021 年 12 月 9 日

购买方	名　　称：大连利和电机股份有限公司 纳税人识别号：91210204777232456F 地 址 、电 话：大连市连山街 123 号　0411-81232567 开户行及账号：中国工商银行大连分行星海支行 3400221857596221172	密码区	（略）

货物或应税劳务、服务名称	规格型号	单位	数量	单价	金额	税率	税额
吊车	QT-30	台	1	165 000. 00	165 000. 00	13%	21 450. 00
合　计					￥165 000. 00		￥21 450. 00
价税合计（大写）	⊗壹拾捌万陆仟肆佰伍拾元整				（小写）￥186 450. 00		

销售方	名　　称：大连市起重设备厂 纳税人识别号： 地 址 、电 话： 开户行及账号：	备注	

收款人：季方　　复核：　　开票人：段洋　　销售方：（章）

第三联：发票联　购买方记账凭证

证账表 3-43

固定资产验收单

2021 年 12 月 9 日　　编号：00238

名称	规格型号	来　源		数　量	原始价值	使用年限	预计残值
吊车	QT-30	购入		1	165 000	10	0
运杂费	总造价		建造单位	交工日期		附　件	
			大连市起重设备厂	2021 年 12 月 9 日			
验收部门	生产车间	验收人员	王军	管理部门	生产车间	管理人员	刘建
备注							

证账表 3-44

中国工商银行
转账支票存根
10209130
07000819
附加信息

出票日期 2021 年 12 月 9 日

收款人：	大连市起重设备厂
金　额：	￥186 450.00
用　途：	货款

单位主管 刘宏　　会计 赵艺

付款期限自出票之日起十天

中国工商银行 转账支票　　10209130　07000819 加验密码 07000819

出票日期（大写）贰零贰壹年壹拾贰月零玖日　付款行名称：中国工商银行大连分行星海支行

收款人：大连市起重设备厂　出票人账号：3400221857596221172

人民币（大写）	亿	千	百	十	万	千	百	十	元	角	分
壹拾捌万陆仟肆佰伍拾元整			￥	1	8	6	4	5	0	0	0

用途 货款　　密码

上列款项请从　　行号

我账户内支付

出票人签章　　复核　　记账

29. 12 月 9 日，收到沈阳机床厂前欠货款 16 000 元（见证账表 3-45）。

证账表 3-45　ICBC 中国工商银行　进账单（收账通知）　3

2021 年 12 月 9 日

出票人	全称	沈阳机床厂	收款人	全称	大连利和电机股份有限公司
	账号	（略）		账号	340022185759622 1172
	开户银行	中国工商银行沈阳分行沈河支行		开户银行	中国工商银行大连分行星海支行
金额	人民币（大写）壹万陆仟元整			亿 千 百 十 万 千 百 十 元 角 分	¥ 1 6 0 0 0 0 0
票据种类		票据张数			
票据号码					
复核　记账			收款人开户银行签章		

此联是收款人开户银行交给收款人的收账通知

30. 12 月 10 日，从中国工商银行取得流动资金贷款 1 000 000 元（见证账表 3-46）。

证账表 3-46

中国工商银行借款凭证

2021 年 12 月 10 日　　第　号

借款人	大连利和电机股份有限公司	贷款账号	3400234857596779913		存款账号	340022185759622 1172	
贷款金额	人民币（大写）壹佰万元整				千 百 十 万 千 百 十 元 角 分	¥ 1 0 0 0 0 0 0 0 0	
用途	生产周转	期限	约定还款日期	2022 年 3 月 9 日			
		3 个月	贷款利率	6%	借款合同号码		
上列贷款已转入借款人指定的账户。							
复核　记账							

第一联　回单

31. 12 月 10 日，提取现金 600 000 元准备发工资（见证账表 3-47）。

证账表 3-47

中国工商银行 现金支票存根 10209110 02205652	中国工商银行 现金支票	02205652 加验密码	10209110 02205652
附加信息	出票日期（大写）贰零贰壹年壹拾贰月零壹拾日	付款行名称：中国工商银行大连分行星海支行	
	收款人：大连利和电机股份有限公司	出票人账号：340022185759622 1172	
	人民币（大写）陆拾万元整	亿千百十万千百十元角分 ¥ 6 0 0 0 0 0 0 0	
出票日期 2021 年 12 月 10 日	用途 发工资	密码	
收款人：大连利和电机	上列款项请从		
金 额：¥600 000.00	我账户内支付		
用 途：发工资	出票人签章	复核	记账
单位主管 刘宏　会计 王玲			

付款期限自出票之日起十天

32. 12 月 10 日，以现金发放工资（见证账表 3-48）。

证账表 3-48

工 资 结 算 汇 总 表

2021 年 12 月 10 日　　单位：元

人员	工资				加班		补贴			应发工资	本月增加		本月扣除						实发工资
	工时	岗位工资	能绩工资	效益工资	工时	工资	工龄	交通			医疗 职工	医疗 家属	失业保险	住房公积金	养老保险	医疗保险	个人所得税	工会经费	
生产工人																			
其中：A 产品工人																			
B 产品工人																			
C 产品工人											（略）								
D 产品工人																			
车间管理人员																			
行政管理人员																			
合计																			600 000.00

主管：刘宏　　审核：万芳　　制表：赵艺

33. 12 月 11 日，支付大连东方会计师事务所年检费 3 180 元（见证账表3-49、证账表 3-50）。

证账表 3-49

中国工商银行转账支票存根	中国工商银行 转账支票
10209130 07000820	07000820 加验密码 10209130 07000820
附加信息	出票日期（大写）贰零贰壹年壹拾贰月壹拾壹日　付款行名称：中国工商银行大连分行星海支行
	收款人：大连东方会计师事务所　出票人账号：340022185759622 1172
	人民币（大写）叁仟壹佰捌拾元整　亿 千 百 十 万 千 百 十 元 角 分：¥ 3 1 8 0 0 0
出票日期 2021 年 12 月 11 日	用途 年检费　密码
收款人：大连东方会计师事务所	上列款项请从　行号
金　额：¥3 180.00	我账户内支付
用　途：年检费	出票人签章　复核　记账
单位主管 刘宏　会计 赵光	付款期限自出票之日起十天

证账表 3-50

大连增值税专用发票　№00458520

21020671342　发　票　联　开票日期：2021 年 12 月 11 日

购买方	名　称：大连利和电机股份有限公司 纳税人识别号：91210204777232456F 地 址 、电 话：大连市连山街 123 号　0411-81232567 开户行及账号：中国工商银行大连分行星海支行 340022185759622 1172				密码区	（略）	
货物或应税劳务、服务名称	规格型号	单位	数量	单价	金额	税率	税额
年检费					3 000.00	6%	180.00
合　计					¥3 000.00		¥180.00
价税合计（大写）	⊗叁仟壹佰捌拾元整					（小写）¥3 180.00	
销售方	名　称： 纳税人识别号：　（略） 地 址 、电 话： 开户行及账号：				备注		

收款人：吕林　复核：　开票人：李涛　销售方：（章）

第三联：发票联　购买方记账凭证

34. 12 月 12 日，从沈阳万海物贸公司购入甲材料 1 600 千克，单价 85 元/千克；丁材料 430 千克，单价 40 元/千克。材料验收入库，款项已承付（见证账表 3-51、证账表 3-52、证账表 3-53）。

证账表 3-51

大连增值税专用发票

№04801357

2105474170　　　发　票　联　　　开票日期：2021 年 12 月 12 日

购买方	名　　称：大连利和电机股份有限公司 纳税人识别号：91210204777232456F 地 址 、电 话：大连市连山街 123 号　0411-81232567 开户行及账号：中国工商银行大连分行星海支行 340022185759622172				密码区	（略）	
货物或应税劳务、服务名称	规格型号	单位	数量	单价	金额	税率	税额
甲材料	RL	千克	1 600	85.00	136 000.00	13%	17 680.00
丁材料	FJ	千克	430	40.00	17 200.00	13%	2 236.00
合　计					￥153 200.00		￥19 916.00
价税合计（大写）	⊗壹拾柒万叁仟壹佰壹拾陆元整				（小写）￥173 116.00		
销售方	名　　称：沈阳万海物贸公司 纳税人识别号： 地 址 、电 话：（略） 开户行及账号：				备注		

收款人：刘仪　　复核：　　开票人：段海玲　　销售方：（章）

第三联：发票联　购买方记账凭证

证账表 3-52

ICBC 中国工商银行　托收凭证（付款通知）

5

委托日期 2021 年 12 月 12 日

业务类型	委托收款（□邮划、□电划）　托收承付（☑邮划、□电划）					
付款人	全　称	大连利和电机股份有限公司	收款人	全　称	沈阳万海物贸公司	
	账　号	340022185759622172		账　号	（略）	
	地　址	辽宁省大连市/县　开户行		地　址	辽宁省沈阳市/县　开户行	中国建设银行沈阳分行皇姑支行
金额	人民币（大写）	壹拾柒万叁仟壹佰壹拾陆元整		亿千百十万千百十元角分	￥17311600	
款项内容	货款	托收凭据名称		附寄单证张数		
商品发运情况	已发货	合同名称号码				
备注：邮划 付款人开户银行收到日期： 年　月　日 复核　　记账		付款人开户银行签章 年　月　日		付款人注意： 1. 根据支付结算办法，上列委托收款（托收承付）款项在付款期限内未提出拒付，即视为同意付款，以此代付款通知。 2. 如需提出全部或部分拒付，应在规定期限内，将拒付理由书并附债务证明退交开户银行。		

此联作付款人开户银行给付款人按期付款通知

证账表 3-53

供应单位：沈阳万海　　　　材料验收入库单 ⑤报　账　　　　№ 0014640

发货票号码：＿＿＿　　2021 年 12 月 12 日　收料仓库：＿＿＿　支票号码：＿＿＿

类别	材料名称	规格	型号	单位	数量		实际价格		计划价格		差异金额
					购入	实收	单价	金额	单价	金额	
	甲材料	RL		千克	1 600	1 600	85	136 000			
	丁材料	FJ		千克	430	430	40	17 200			
备注					运杂费						
					总计金额						

附件　张

保管员：刘文　　　　采购员：王华明

35. 12 月 12 日，收到大连保税区凯华贸易有限公司房屋租金 26 160 元，存入银行（见证账表 3-54、证账表 3-55）。

证账表 3-54　ICBC 中国工商银行　进账单（收款通知）　3

2021 年 12 月 12 日

出票人	全称	大连凯华贸易有限公司	收款人	全称	大连利和电机股份有限公司
	账号	（略）		账号	3400221857596221172
	开户银行	广东发展银行开发区支行		开户银行	中国工商银行大连分行星海支行
金额	人民币（大写）贰万陆仟壹佰陆拾元整			亿千百十万千百十元角分	¥2616000
票据种类		票据张数		收款人开户银行签章	
票据号码					
复核　记账					

此联是收款人开户银行交给收款人的收账通知

证账表 3-55

大连增值税专用发票

№00161920

2120575170　此联不作报销、扣税凭证使用　开票日期：2021 年 12 月 12 日

<table>
<tr><td rowspan="4">购买方</td><td colspan="5">名　　　称：大连凯华贸易有限公司</td><td rowspan="4">密码区</td><td colspan="2" rowspan="4">（略）</td></tr>
<tr><td colspan="5">纳税人识别号：（略）</td></tr>
<tr><td colspan="5">地 址 、电 话：华晨大厦 5# 楼 C 座</td></tr>
<tr><td colspan="5">开户行及账号：（略）</td></tr>
<tr><td colspan="2">货物或应税劳务、服务名称</td><td>规格型号</td><td>单位</td><td>数量</td><td>单价</td><td>金额</td><td>税率</td><td>税额</td></tr>
<tr><td colspan="2">*经营租赁*房屋租赁</td><td></td><td>年</td><td>1</td><td>24 000.00</td><td>24 000.00</td><td>9%</td><td>2 160.00</td></tr>
<tr><td colspan="2">合　计</td><td></td><td></td><td></td><td></td><td>¥24 000.00</td><td></td><td>¥2 160.00</td></tr>
<tr><td colspan="2">价税合计（大写）</td><td colspan="7">⊗贰万陆仟壹佰陆拾元整　　（小写）¥26 160.00</td></tr>
<tr><td rowspan="4">销售方</td><td colspan="5">名　　　称：大连利和电机股份有限公司</td><td rowspan="4">备注</td><td colspan="2" rowspan="4"></td></tr>
<tr><td colspan="5">纳税人识别号：91210204777232456F</td></tr>
<tr><td colspan="5">地 址 、电 话：大连市连山街 123 号　0411-81232567</td></tr>
<tr><td colspan="5">开户行及账号：中国工商银行大连分行星海支行
340022185759622172</td></tr>
</table>

收款人：刘伟杰　　复核：　　开票人：潘晨　　销售方：（章）

第一联：记账联　销售方记账凭证

36. 12 月 12 日，以现金支付邮费 67.58 元（见证账表 3-56）。

证账表 3-56

大连增值税专用发票

№00103596

2102051170　发　票　联　开票日期：2021 年 12 月 12 日

<table>
<tr><td rowspan="4">购买方</td><td colspan="5">名　　　称：大连利和电机股份有限公司</td><td rowspan="4">密码区</td><td colspan="2" rowspan="4">（略）</td></tr>
<tr><td colspan="5">纳税人识别号：91210204777232456F</td></tr>
<tr><td colspan="5">地 址 、电 话：大连市连山街 123 号　0411-81232567</td></tr>
<tr><td colspan="5">开户行及账号：中国工商银行大连分行星海支行
340022185759622172</td></tr>
<tr><td colspan="2">货物或应税劳务、服务名称</td><td>规格型号</td><td>单位</td><td>数量</td><td>单价</td><td>金额</td><td>税率</td><td>税额</td></tr>
<tr><td colspan="2">邮费</td><td></td><td></td><td></td><td></td><td>62.00</td><td>9%</td><td>5.58</td></tr>
<tr><td colspan="2">合　计</td><td></td><td></td><td></td><td></td><td>¥62.00</td><td></td><td>¥5.58</td></tr>
<tr><td colspan="2">价税合计（大写）</td><td colspan="7">⊗陆拾柒元零伍角捌分　　（小写）¥67.58</td></tr>
<tr><td rowspan="4">销售方</td><td colspan="5">名　　　称：
纳税人识别号：
地 址 、电 话：
开户行及账号：
（略）</td><td rowspan="4">备注</td><td colspan="2" rowspan="4"></td></tr>
</table>

收款人：赵敏　　复核：　　开票人：张毅　　销售方：（章）

第三联：发票联　购买方记账凭证

37. 12 月 13 日，偿还前欠铁岭贸易公司货款 42 000 元（见证账表3-57）。

证账表3-57

ICBC 中国工商银行 01550272

业务委托书 APPLICATION FOR MONEY TRANSFER　大B 01550272　委托日期 Date 2021年 Y 12月 M 13日 D

业务类型 Type	□现金汇款 Cash Remittance　☑转账汇款 Transfer Remittance　□汇票申请书 D/D　□本票申请书 P/D　□其他 Others ______				
委托人 Principal	全称 Full Name	大连利和电机股份有限公司	收款人 Payee	全称 Full Name	铁岭贸易公司
	账号或地址 Account No. or Addr.	3400221857596221172		账号或地址 Account No. or Addr.	（略）
	开户行名称 Account Bank Name	中国工商银行大连分行星海支行		开户行名称 Account Bank Name	中国农业银行铁岭分行
汇款方式 Type of Remittance	☑普通 Regular　□加急 Urgent　加急汇款签字 Signature For Urgent Payment ______			开户银行 Account Bank	辽宁 省 Province 铁岭 市 City
币种及金额（大写） Currency and Amount in Words	肆万贰仟元整			亿 千 百 十 万 千 百 十 元 角 分	¥ 4 2 0 0 0 0 0
用途 In Payment of				支付密码 S.C.	

委托人确认上列委托信息填写正确，且已完全理解和接受背面“客户须知”的内容。上列款项及相关费用请从委托人账户内支付。
The above information has been confirmed correctly.The notice has been fully understood and accepted.The above remittance and related charges will be drawn from the referent account.

加验密码

委托人签章 Principal Signature and/or Stamp

银行填写 Bank Use	□联动收费　□非联动收费　□不收费	备注： Remarks

受理（扫描）：　　　　审核：

ICBC 中国工商银行

业务委托书 回执 APPLICATION FOR MONEY TRANSFER ACKNOMLEOREAENI

大B 01550272

委托人全称 Name of Principal	大连利和电机股份有限公司
委托人账号 A/C of Principal	3400221857596221172
收款人全称 Name of Payee	铁岭贸易公司
收款人账号 A/C of Payee	（略）
金额 Amount	
委托日期 Date	

此联为银行受理通知书。若委托人申请汇票或本票业务，应凭此联领取汇票或本票。
This paper is the bank acceptance advice. For draft or promissory note application, please return this paper.

38. 12 月 13 日，为方便管理部门处理事务，办信用卡一张，金额 10 000 元（见证账表 3-58）。

证账表 3-58

ICBC 中国工商银行　现金存款凭条

日期：2021 年 12 月 13 日

存款人	全　称	王建生																
	账　号	9558817400211026335						款项来源	备用金									
	开户行	中国工商银行大连分行星海支行						交款人	王玲									
金额（大写）壹万元整							金额（小写）		亿	千	百	十	万	千	百	十	元	角	分
												¥	1	0	0	0	0	0	0
票面	张数	十	万	千	百	十	元	票面	张数	千	百	十	元	角	分	备注		
壹佰元	100		1	0	0	0	0	伍　角										
伍拾元								贰　角										
贰拾元								壹　角										
拾　元								伍　分										
伍　元								贰　分										
贰　元								壹　分										
壹　元								其　他										

第二联　客户核对联

39. 12 月 14 日，以现金支付公司总经理手机费 1 197.73 元（见证账表 3-59）。

证账表 3-59

大连增值税专用发票　№40648931

2102545104　**发　票　联**　开票日期：2021 年 12 月 14 日

购买方	名　称：大连利和电机股份有限公司 纳税人识别号：91210204777232456F 地址、电话：大连市连山街 123 号　0411-81232567 开户行及账号：中国工商银行大连分行星海支行 340022185759622117 2				密码区	（略）	
货物或应税劳务、服务名称	规格型号	单位	数量	单价	金额	税率	税额
*电信服务*基础电信服务		月	1		227.41	9%	20.47
*电信服务*增值电信服务		月	1		896.09	6%	53.76
合　计					¥1 123.50		¥74.23
价税合计（大写）	⊗壹仟壹佰玖拾柒元柒角叁分					（小写）¥1 197.73	
销售方	名　称：中国联通有限公司大连分公司 纳税人识别号： 地址、电话：（略） 开户行及账号：				备注		

第三联：发票联　购买方记账凭证

收款人：　　复核：　　开票人：　　销售方：（章）

40. 12 月 14 日，管理部门用信用卡从大连连洋商场购买办公用品，支付款项 2 463. 40元（见证账表 3-60）。

证账表 3-60

大连增值税专用发票

№00103488

21524044　　发　票　联　　开票日期：2021 年 12 月 14 日

购买方	名　　称：大连利和电机股份有限公司 纳税人识别号：91210204777232456F 地 址 、电 话：大连市连山街 123 号　0411-81232567 开户行及账号：中国工商银行大连分行星海支行 3400221857596221172				密码区	（略）	
货物或应税劳务、服务名称	规格型号	单位	数量	单价	金额	税率	税额
办公用品					2 180. 00	13%	283. 40
合　计					¥2 180. 00		¥283. 40
价税合计（大写）	⊗贰仟肆佰陆拾叁元肆角					（小写）¥2 463. 40	
销售方	名　　称：大连连洋商场 纳税人识别号： 地 址 、电 话：（略） 开户行及账号：				备注		

收款人：　　复核：　　开票人：　　销售方：（章）

第三联：发票联　购买方记账凭证

41. 12 月 14 日，清查中发现一台设备盘盈，重置价值 38 000 元，估计已提折旧 25 000 元（见证账表 3-61）。

证账表 3-61

固定资产盘盈盘亏报告表

部门：生产车间　　2021 年 12 月 14 日

固定资产编号	固定资产名称	盘盈			盘亏			毁损			原因
		数量	重置价值	估计已提折旧额	数量	原价	已提折旧	数量	原价	已提折旧	
B-10	车床	1	38 000	25 000							
合　计											
处理意见	使用部门		清查小组			审批部门					

②会计记账

42. 12 月 15 日，向大连宝盈机修厂支付管理部门设备修理费 5 876 元（见证账表3-62、账证表 3-63）。

证账表 3-62

中国工商银行 转账支票存根 10209130 07000821	中国工商银行 转账支票	07000821 加验密码	10209130 07000821
附加信息	出票日期（大写）贰零贰壹年壹拾贰月壹拾伍日	付款行名称：中国工商银行大连分行星海支行	
	收款人：大连宝盈机修厂	出票人账号：3400221857596221172	
	人民币（大写）伍仟捌佰柒拾陆元整	亿千百十万千百十元角分	¥587600
出票日期 2021 年 12 月 15 日	用途 修理费	密码	
收款人：大连宝盈机修厂	上列款项请从	行号	
金　额：¥5 876.00	我账户内支付		
用　途：修理费	出票人签章	复核　　记账	
单位主管 刘宏　　会计 赵艺			

付款期限自出票之日起十天

证账表 3-63

大连增值税专用发票

№00103928

2102052081　　发　票　联　　开票日期：2021 年 12 月 15 日

购买方	名　　称：大连利和电机股份有限公司 纳税人识别号：91210204777232456F 地 址 、电 话：大连市连山街 123 号　0411-81232567 开户行及账号：中国工商银行大连分行星海支行 3400221857596221172					密码区	（略）
货物或应税劳务、服务名称	规格型号	单位	数量	单价	金额	税率	税额
修理费		台	1	5 200.00	5 200.00	13%	676.00
合　计					¥5 200.00		¥676.00
价税合计（大写）	⊗伍仟捌佰柒拾陆元整				（小写）¥5 876.00		
销售方	名　　称：大连宝盈机修厂 纳税人识别号： 地 址 、电 话：　（略） 开户行及账号：					备注	

收款人：　　复核：　　开票人：　　销售方：（章）

第三联：发票联　购买方记账凭证

43. 12 月 15 日，向大连海关支付进口原材料关税 820 元（见证账表 3-64）。

44. 12 月 15 日，接到银行结息通知，本期银行贷款利息 7 100 元已划转支付（前已计提 5 000 元）（见证账表 3-65）。

证账表 3-64

大连海关进口关税专用缴款书（电子支付平台预览版）

收入系统：　　　　填发日期：2021 年 12 月 15 日　　　　号码

<table>
<tr><td rowspan="3">收款单位</td><td>收入机关</td><td colspan="3">大连海关</td><td rowspan="3">缴款单位（人）</td><td>名　　称</td><td colspan="2">大连利和电机股份有限公司</td></tr>
<tr><td>科　　目</td><td>（略）</td><td>预算级次</td><td>（略）</td><td>账　　号</td><td colspan="2">3400221857596221172</td></tr>
<tr><td>收款国库</td><td colspan="3">（略）</td><td>开户银行</td><td colspan="2">中国工商银行大连分行星海支行</td></tr>
</table>

税号	货物名称	币种	汇率	完税价格（¥）	税率	税款金额（¥）
	（略）					820.00
金额人民币（大写）捌佰贰拾元整					合计（¥）	¥820.00

<table>
<tr><td>申请单位编号</td><td></td><td>报关编号</td><td></td><td rowspan="5">填制单位

制单人
复核人</td><td rowspan="5">收库国库（银行）</td></tr>
<tr><td>合同（批文）号</td><td></td><td>运输工具号</td><td></td></tr>
<tr><td>货主单位</td><td></td><td>经营单位</td><td></td></tr>
<tr><td>电子支付缴款期限</td><td></td><td>提/装货单号</td><td></td></tr>
<tr><td>备注</td><td colspan="3"></td></tr>
</table>

证账表 3-65

业务回单（付款）

日期：2021 年 12 月 15 日

回单编号：

付款人户名：大连利和电机股份有限公司　　付款人开户行：中国工商银行大连分行星海支行

付款人账号（卡号）：3400221857596221172

收款人户名：　　收款人开户行：

收款人账号（卡号）：

金额：柒仟壹佰元整　　小写：7 100.00 元

业务（产品）种类：利息入账　凭证种类：　凭证号码：

摘要：对公贷款利息支付　　用途：　　币种：人民币

交易机构：　记账柜员：　交易代码：　渠道：批量业务

起息日期：2021-09-10　止息日期：2021-12-10　息余积数：　　利率：

利息：7 100.00　　调整利息：0.00　　冲正利息：0.00

计息账号：　　借据编号：

本回单为第 1 次打印，注意重复　打印日期：2021 年 12 月 15 日　打印柜员：　　验证码：

45. 12 月 16 日，从本市新连公司购入甲材料 500 千克，单价 85 元/千克，价款

42 500 元，增值税税额 5 525 元，款项已付，材料验收入库（见证账表 3-66、证账表 3-67、证账表 3-68）。

证账表 3-66

大连增值税专用发票 №01804352

2168158170 发 票 联 开票日期：2021 年 12 月 16 日

购买方	名　称：大连利和电机股份有限公司 纳税人识别号：91210204777232456F 地 址 、电 话：大连市连山街 123 号 0411-81232567 开户行及账号：中国工商银行大连分行星海支行 3400221857596221172				密码区	（略）	
货物或应税劳务、服务名称	规格型号	单位	数量	单价	金额	税率	税额
甲材料	JK	千克	500	85.00	42 500.00	13%	5 525.00
合　计					¥42 500.00		¥5 525.00
价税合计（大写）	⊗肆万捌仟零贰拾伍元整				（小写）¥48 025.00		
销售方	名　称：大连新连公司 纳税人识别号： 地 址 、电 话：（略） 开户行及账号：				备注		

第三联：发票联 购买方记账凭证

收款人：王天　复核：　开票人：刘桥　销售方：（章）

证账表 3-67

供应单位：大连新连公司　材料验收入库单 ⑤报 账　№0014641

发货票号码：________　2021 年 12 月 16 日　收料仓库：______　支票号码：______

类别	材料名称	规格	型号	单位	数量		实际价格		计划价格		差异金额
					购　入	实　收	单　价	金　额	单　价	金　额	
	甲材料	JK		千克	500	500	85	42 500			
备注					运杂费						
					总计金额						

附件　张

保管员：刘文　采购员：王华

证账表 3-68

中国工商银行 转账支票存根 10209130 07000822	中国工商银行 转账支票　07000822 加验密码　10209130 07000822
附加信息	出票日期（大写）贰零贰壹年壹拾贰月壹拾陆日　付款行名称：中国工商银行大连分行星海支行
	收款人：大连新连公司　出票人账号：3400221857596221172
	人民币（大写）肆万捌仟零贰拾伍元整　亿千百十万千百十元角分　¥ 4 8 0 2 5 0 0
出票日期 2021 年 12 月 16 日	付款期限自出票之日起十天　用途 货款　密码
收款人：大连新连公司	上列款项请从　行号
金　额：¥48 025. 00	我账户内支付
用　途：货款	出票人签章　复核　记账
单位主管 刘宏　会计 赵艺	

46. 12 月 16 日，开出支票支付加油站本月油费 1 446. 40 元（见证账表 3-69、证账表 3-70）。

证账表 3-69

大连增值税专用发票　№00126473

2102222020　发　票　联　开票日期：2021 年 12 月 16 日

购买方	名　称：大连利和电机股份有限公司 纳税人识别号：91210204777232456F 地址、电话：大连市连山街 123 号　0411-81232567 开户行及账号：中国工商银行大连分行星海支行 3400221857596221172	密码区	（略）

货物或应税劳务、服务名称	规格型号	单位	数量	单价	金额	税率	税额
92#汽油					1 280. 00	13%	166. 40
合　计					¥1 280. 00		¥166. 40
价税合计（大写）	⊗壹仟肆佰肆拾陆元肆角整				（小写）¥ 1 446. 40		

销售方	名　称： 纳税人识别号：（略） 地址、电话： 开户行及账号：	备注	

收款人：　复核：　开票人：　销售方：（章）

第三联：发票联　购买方记账凭证

证账表 3-70

中国工商银行 转账支票存根 10209130 07000823	中国工商银行 转账支票　　07000823 加验密码　10209130 07000823
附加信息	出票日期（大写）贰零贰壹年壹拾贰月壹拾陆日　付款行名称：中国工商银行大连分行星海支行
	收款人：中国石油天然气股份有限公司大连销售分公司　出票人账号：3400221857596221172
	人民币（大写）壹仟肆佰肆拾陆元肆角　亿千百十万千百十元角分：¥144640
出票日期 2021 年 12 月 16 日	用途 油费　密码
收款人：中石油大连分公司	上列款项请从　行号
金　额：¥1 446.40	我账户内支付
用　途：油费	出票人签章　复核　记账
单位主管 刘宏　会计 赵艺	付款期限自出票之日起十天

47. 12 月 18 日，归还中国工商银行短期借款本息 500 000 元（见证账表 3-71）。

证账表 3-71

业务回单（付款）

日期：2021 年 12 月 18 日
回单编号：
付款人户名：大连利和电机股份有限公司　付款人开户行：中国工商银行大连分行星海支行
付款人账号（卡号）：3400221857596221172
收款人户名：　收款人开户行：
收款人账号（卡号）：
金额：伍拾万元整　小写：500 000. 00 元
业务（产品）种类：利息入账　凭证种类：　凭证号码：
摘要：对公贷款利息支付　用途：　币种：人民币
交易机构：　记账柜员：　交易代码：　渠道：批量业务
处理种类：贷款归还　贷款账号：　借据编号：　借据序号：
还款方式：　还款周期：　存款部门：　贷款网点：

本回单为第 1 次打印，注意重复　打印日期：2021 年 12 月 18 日　打印柜员：　验证码：

48. 12 月 20 日，由于公司没有履行销售合同，因此开出转账支票向大连友谊材料厂支付违约金和赔偿金 6 500 元（见证账表 3-72、证账表 3-73）。

证账表 3-72

中国工商银行
转账支票存根
10209130
07000824
附加信息

出票日期 2021 年 12 月 20 日

收款人：大连友谊材料厂
金　额：¥6 500.00
用　途：违约金和赔偿金

单位主管 刘宏　　会计 赵艺

中国工商银行 转账支票　　07000824 加验密码　10209130 07000824

出票日期（大写）贰零贰壹年壹拾贰月贰拾日　付款行名称：中国工商银行大连分行星海支行

收款人：大连友谊材料厂　出票人账号：3400221857596221172

付款期限自出票之日起十天

人民币（大写）	亿	千	百	十	万	千	百	十	元	角	分
陆仟伍佰元整					¥	6	5	0	0	0	0

用途 违约金和赔偿金　密码

上列款项请从　行号

我账户内支付

出票人签章　复核　记账

证账表 3-73

辽宁省财政厅监制 专用收款收据

辽财会账证 49 号

专用收款收据存根

收款日期 2021 年 12 月 20 日　№0062553

付款单位（交款人）	大连利和电机股份有限公司	收款单位（领款人）	大连友谊材料厂	收款项目	

人民币（大写）	千	百	十	万	千	百	十	元	角	分	结算方式
陆仟伍佰元整			¥	6	5	0	0	0	0		

收款事由	违约金和赔偿金	经办 部门	
		经办 人员	

上述款项照数收讫无误。收款单位财会专用章：（领款人签章）	会计主管	稽核	出纳	交款人

第二联 付款单位做收据

使用规定：1. 本收据只做非经营性专用收款收据，不能代替发票使用。2. 结算方式按现金、转账、付委、信汇、电汇、托收承付、托收无承付等方式分别填列。3. 本收据一式三联复写，不得涂改，如写错，不得撕掉要保留备查。

49. 12 月 23 日，向沈阳机床厂销售产品共计 1 285 000 元，增值税税额 167 050元，款项尚未收到（见证账表 3-74、证账表 3-75）。

证账表 3-74

大连增值税专用发票

№04804352

2102059170 此联不作报销、扣税凭证使用 开票日期：2021 年 12 月 23 日

购买方	名　　称：沈阳机床厂 纳税人识别号：（略） 地 址 、电 话：（略） 开户行及账号：交通银行沈阳分行					密码区	（略）
货物或应税劳务、服务名称	规格型号	单位	数量	单价	金额	税率	税额
A 产品 B 产品 C 产品 D 产品	（略）	（略）	（略）	（略）	（略）	13%	（略）
合　计					¥1 285 000.00		¥167 050.00
价税合计（大写）	⊗壹佰肆拾伍万贰仟零伍拾元整				（小写）¥1 452 050.00		
销售方	名　　称：大连利和电机股份有限公司 纳税人识别号：91210204777232456F 地 址 、电 话：大连市连山街 123 号　0411-81232567 开户行及账号：中国工商银行大连分行星海支行 3400221857596221172					备注	

收款人：王玲　　复核：万芳　　开票人：白杰　　销售方：（章）

第一联：记账联　销售方记账凭证

证账表 3-75

商品出库单

2021 年 12 月 23 日

购货单位	沈阳机床厂		提货单号	（略）	发票号	4352		
货号	名称	型号规格	单位	数量		进货成本		提货方式
				发票	实付	单价	金额	
	A 产品							自提
	B 产品			（略）				自提
	C 产品							自提
	D 产品							自提
备　注		起运站交货						

仓库负责人：刘光明　　保管员：刘文　　提货人：薛刚

三　财会联

50. 12 月 23 日，仓库发出材料的用途如下：A 产品领用甲材料 2 400 千克，领用丙材料 1 000 千克；B 产品领用乙材料 600 千克；C 产品领用丁材料 500 千克，车间一般性消耗甲材料 200 千克（见证账表 3-76、证账表 3-77）。

证账表 3-76

材料（　　）出库单　　№ 0014354

领料部门 生产车间　类别＿＿＿＿　编号＿＿＿＿　2021 年 12 月 23 日

料号	品名	规格	单位	数量：请领	数量：实发	单价	金额
	甲材料	（略）	千克	2 400	2 400	85	20400000
	乙材料	（略）	千克	600	600	65	3900000
	丙材料	（略）	千克	1 000	1 000	120	12000000
	丁材料	（略）	千克	500	500	40	2000000
用途	甲、丙用于生产 A 产品，乙用于生产 B 产品，丁用于生产 C 产品						

供应负责人	刘光明	仓库保管员	刘文	领料部门负责人	王凯歌	领料人	张明强

③会计核算

证账表 3-77

材料（　　）出库单　　№ 0014355

领料部门 生产车间　类别＿＿＿＿　编号＿＿＿＿　2021 年 12 月 23 日

料号	品名	规格	单位	数量：请领	数量：实发	单价	金额
	甲材料	（略）	千克	200	200	85	1700000
							¥1700000
用途	一般耗用						

供应负责人	刘光明	仓库保管员	刘文	领料部门负责人	王凯歌	领料人	张明强

③会计核算

51. 12 月 23 日，李胜利出差归来报销差旅费 3 280 元，还款 720 元（见证账表 3-78、证账表 3-79）。

证账表 3-78

辽财会账证 50 号 （大连市财政局 ★ 检印）

差旅费报销单

单位： 2021 年 12 月 23 日填

月	日	时间	出发地	月	日	时间	到达地	机票费	车（船）费	卧铺费	夜行车补助		市内交通费		宿费			出差补助		其他	合计
											小时	金额	实支	包干	标准	实支	提成扣减	天数	金额		
12	10	10：00	大连	12	10	10：50	北京	680					120			1 800					2 600
12	14	13：00	北京	12	14	13：50	大连	680													680
合计								1 360					120			1 800					3 280

出差任务	开会	报销金额（大写）	人民币：叁仟贰佰捌拾零元零角零分				预借金额	4 000
							报销金额	3 280
		单位领导	张宝林	部门负责人	李虎	出差人 李胜利	结余或超支	720

会计主管人员 刘宏　　记账 赵艺　　审核 万芳　　附单据 5 张

证账表 3-79

借　　据 （记账）

辽财会账证 48 号 （大连市财政局 ★ 检印）

2021 年 12 月 23 日

借款单位	※	姓名	※ 李胜利	级别	※	出差地点	※ 北京
						天　数	※5 天
事由	※ 开会		借款金额（大写）	※ 肆仟元整		¥4 000.00	
实际报销金额	¥3 280.00	结余金额	¥720.00	注意事项	一、有※者由借款人填写 二、凡借用公款必须使用本单 三、第三联为正式借据由借款人和单位负责人签章 四、出差返回后三日内结算		
		超支金额	¥				
收款单位公章	（原借款已报销结算完了并已收账）						
	经办人 万芳					2021 年 12 月 23 日	

52. 12 月 25 日，向大连日报社支付产品广告费 31 800 元（见证账表 3-80、证账表 3-81）。

53. 12 月 26 日，清查发现丁材料盘亏（见证账表 3-82）。

54. 12 月 26 日，支付前欠沈阳光明家具公司货款 15 000 元（见证账表3-83）。

55. 12 月 28 日，向沈阳机床厂销售 A 产品 300 件，单价 3 000 元/件；销售 B 产品 100 件，单价 1 000 元/件，货款已经收到（见证账表 3-84、证账表 3-85）。

证账表 3-80

大连增值税专用发票

№00603520

2102059870　　发　票　联　　开票日期：2021 年 12 月 25 日

购买方	名　　称：大连利和电机股份有限公司 纳税人识别号：91210204777232456F 地 址 、电 话：大连市连山街 123 号　0411-81232567 开户行及账号：中国工商银行大连分行星海支行 3400221857596221172	密码区	（略）

货物或应税劳务、服务名称	规格型号	单位	数量	单价	金额	税率	税额
广告费					30 000.00	6%	1 800.00
合　计					¥30 000.00		¥1 800.00
价税合计（大写）	⊗叁万壹仟捌佰元整				（小写）¥31 800.00		

销售方	名　　称： 纳税人识别号： 地 址 、电 话： 开户行及账号：　（略）	备注	

收款人：　　复核：　　开票人：霍光　　销售方：（章）

第三联：发票联　购买方记账凭证

证账表 3-81

中国工商银行 转账支票存根 10209130 07000825
附加信息
出票日期 2021 年 12 月 25 日
收款人：大连日报社
金　额：¥31 800.00
用　途：广告费
单位主管 刘宏　　会计 赵艺

中国工商银行 转账支票　07000825 加验密码　10209130 07000825

付款期限自出票之日起十天

出票日期（大写）贰零贰壹年壹拾贰月贰拾伍日　付款行名称：中国工商银行大连分行星海支行

收款人：大连日报社　出票人账号：3400221857596221172

人民币（大写）	亿	千	百	十	万	千	百	十	元	角	分
叁万壹仟捌佰元整				¥	3	1	8	0	0	0	0

用途 广告费　　密码

上列款项请从　　行号

我账户内支付

出票人签章　　复核　　记账

证账表 3-82

材料盘点报告单①

2021 年 12 月 26 日

材料编号	品名	规格	单位	单位成本	账存数量	实存数量	盘盈		盘亏		盘亏原因	董事会审批
							数量	金额	数量	金额		
…	丁材料	…	千克	40	…	…			85	3 400		
合　计										3 400		

审批人：王建生　　部门负责人：刘光明　　制表：刘文

注：本凭证为上报董事会报告附件的存档文件，报告原文略。

证账表3-83

ICBC 中国工商银行 01550276

业务委托书 APPLICATION FOR MONEY TRANSFER 大B 01550276 委托日期 Date 2021年 Y 12月 M 26日 D

业务类型 Type	☐现金汇款 Cash Remittance ☑转账汇款 Transfer Remittance ☐汇票申请书 D/D ☐本票申请书 P/D ☐其他 Others		
委托人 Principal 全称 Full Name	大连利和电机股份有限公司	收款人 Payee 全称 Full Name	沈阳光明家具公司
账号或地址 Account No. or Addr.	340022185759622l172	账号或地址 Account No. or Addr.	（略）
开户行名称 Account Bank Name	中国工商银行大连分行星海支行	开户行名称 Account Bank Name	上海浦东发展银行沈阳分行
汇款方式 Type of Remittance	☑普通 Regular ☐加急 Urgent 加急汇款签字 Signature For Urgent Payment	开户银行 Account Bank	辽宁 省 Province 沈阳 市 City
币种及金额（大写） Currency and Amount in Words	壹万伍仟元整	亿千百十万千百十元角分	¥ 1 5 0 0 0 0 0
用途 In Payment of		支付密码 S.C.	

委托人确认上列委托信息填写正确，且已完全理解和接受背面“客户须知”的内容。上列款项及相关费用请从委托人账户内支付。
The above information has been confirmed correctly.The notice has been fully understood and accepted.The above remittance and related charges will be drawn from the referent account.

加验密码

委托人签章 Principal Signature and/or Stamp

银行填写 Bank Use	☐联动收费 ☐非联动收费 ☐不收费	备注：Remarks

受理（扫描）： 审核：

ICBC 中国工商银行

业务委托书 APPLICATION FOR MONEY TRANSFER 回执 ACKNOMLEOREAENI

大B 01550276

委托人全称 Name of Principal	大连利和电机股份有限公司
委托人账号 A/C of Principal	340022185759622l172
收款人全称 Name of Payee	
收款人账号 A/C of Payee	
金额 Amount	
委托日期 Date	

此联为银行受理通知书。若委托人申请汇票或本票业务，应凭此联领取汇票或本票。
This paper is the bank acceptance advice. For draft or promissory note application, please return this paper.

证账表 3-84

大连增值税专用发票

№00188391

2102059160　此联不作报销、扣税凭证使用　开票日期：2021 年 12 月 28 日

购买方	名称：沈阳机床厂 纳税人识别号：（略） 地址、电话： 开户行及账号：				密码区	（略）	
货物或应税劳务、服务名称	规格型号	单位	数量	单价	金额	税率	税额
A 产品		件	300	3 000.00	900 000.00	13%	117 000.00
B 产品		件	100	1 000.00	100 000.00	13%	13 000.00
合计					¥1 000 000.00		¥130 000.00
价税合计（大写）	⊗壹佰壹拾叁万元整				（小写）¥1 130 000.00		
销售方	名称：大连利和电机股份有限公司 纳税人识别号：91210204777232456F 地址、电话：大连市沙河口区连山街 123 号 0411-81232567 开户行及账号：中国工商银行大连分行星海支行 3400221857596221172				备注		

第一联：记账联　销售方记账凭证

收款人：王玲　复核：万芳　开票人：白杰　销售方：（章）

证账表 3-85

自助回单专用凭证　ICBC 中国工商银行　业务回单（收款）

日期：2021 年 12 月 28 日

回单编号：

付款人户名：沈阳机床厂　付款人开户行：中国建设银行沈阳分行和平支行

付款人账号（卡号）：（略）

收款人户名：大连利和电机股份有限公司　收款人开户行：中国工商银行大连分行星海支行

收款人账号（卡号）：3400221857596221172

金额：壹佰壹拾叁万元整　小写：1 130 000.00 元

业务（产品）种类：　凭证种类：　凭证号码：

摘要：货款　用途：货款　币种：人民币

交易机构：　记账柜员：　交易代码：　渠道：网上银行

附言：

支付交易序号：　报文种类：　委托日期：2021-12-28

业务类型（种类）：　指令编号：　提交人：

最终授权人：

本回单为第 1 次打印，注意重复　打印日期：2021 年 12 月 28 日　打印柜员：　验证码：

56. 12 月 29 日，原材料盘亏，经批准，应由过失人刘艳赔偿 400 元，其余由于管理不善的部分同意转销（见证账表 3-86）。

证账表 3-86

材料盘点报告单①

2021 年 12 月 29 日

材料编号	品名	规格	单位	单位成本	账存数量	实存数量	盘盈		盘亏		盘亏原因	董事会审批
							数量	金额	数量	金额		
…	丁材料	…	千克	40	…	…			85	3 400	过失管理不善	刘艳赔偿 400 元其余转出
合　计										3 400		

审批人：王建生　　　部门负责人：刘光明　　　制表人：刘文

注：本凭证为上报董事会报告附件的存档文件，报告原文略。

57. 12 月 29 日，以前销售给沈阳机床厂产品的款项，对方开出银行承兑汇票一张（承付期 2 个月）来抵付欠款 200 000 元（见证账表 3-87）。

证账表 3-87

电子银行承兑汇票

Electronic Commercial Draft System

电子银行承兑汇票

出票日期：2021-12-29　　　票据状态：

到期日期：2022-02-28　　　票据号码：

出票人	全称	沈阳机床厂	收票人	全称	大连利和电机股份有限公司
	账号			账号	3400221857596221172
	开户银行			开户银行	中国工商银行股份有限公司大连分行星海支行
票据金额	人民币（大写）贰拾万元整		十亿千百十万千百十元角分		¥20000000
承兑人信息	全称		开户行号		
	账号		开户行名称		
交易合同号			承兑信息	出票人承诺：本汇票请予以承兑，到期无条件付款	
能否转让	可再转让			承兑人承兑：本汇票已经承兑，到期无条件付款　承兑日期：	
评级信息（由出票人、承兑人自己记载，仅供参考）	出票人	评级主体：	信用等级：	评级到期日：	
	承兑人	评级主体：	信用等级：	评级到期日：	
备注					
背书人名称：					
背书人账号：					
背书人开户行名称：					
是否允许再次转让：					
背书备注：					
协议编号：					

58. 12 月 30 日，收到丹东海华公司前欠货款 50 000 元（见证账表 3-88）。

证账表 3-88

ICBC 中国工商银行　　托收凭证（受理回单）1

委托日期 2021 年 12 月 30 日

业务类型	委托收款（☑邮划、☐电划）			托收承付（☐邮划、☐电划）				
付款人	全　称	丹东海华公司		收款人	全　称	大连利和电机股份有限公司		
	账　号	（略）			账　号	340022185759622I172		
	地　址	辽宁省丹东市/县	开户行：中国工商银行丹东分行元宝支行		地　址	辽宁省大连市/县	开户行：中国工商银行大连分行星海支行	
金额	人民币（大写）伍万元整				亿千百十万千百十元角分	￥5000000		
款项内容		托收凭据名称		附寄单证张数				
商品发运情况			合同名称号码					
备注： 复核　　记账	款项收妥日期 年　月　日		收款人开户银行签章 年　月　日					

此联作收款人开户银行给收款人的受理回单

59. 12 月 31 日，银行通知本月电费 12 000 元（车间 10 000 元）已托收（见证账表 3-89）。

证账表 3-89　　大连增值税专用发票　　№03542185

2129581170　　发　票　联　　开票日期：2021 年 12 月 31 日

购买方	名　称：大连利和电机股份有限公司 纳税人识别号：91210204777232456F 地址、电话：大连市连山街 123 号　0411-81232567 开户行及账号：中国工商银行大连分行星海支行 3400221857596221172				密码区	（略）	
货物或应税劳务、服务名称	规格型号	单位	数量	单价	金额	税率	税额
*供电*电力					12 000.00	13%	1 560.00
合　计					￥12 000.00		￥1 560.00
价税合计（大写）	⊗壹万叁仟伍佰陆拾元整					（小写）￥13 560.00	
销售方	名　称： 纳税人识别号： 地址、电话： 开户行及账号： （略）				备注		

收款人：　　复核：　　开票人：　　销售方：（章）

第三联：发票联　购买方记账凭证

60. 12 月 31 日，计提本月固定资产折旧 27 200 元（见证账表 3-90）。

证账表 3-90

固定资产折旧计算表

2021 年 12 月　　金额单位：元

折旧率 / 使用部门	房屋建筑物			机器设备			运输工具			其他			合计
	原值	折旧率	折旧额	原值	折旧率	折旧额	原值	折旧率	折旧额	原值	折旧率	折旧额	
生产车间													16 800
行政管理部门													10 400
合计													27 200

主管：刘宏　　审核：万芳　　制表：赵艺

61. 12 月 31 日，接到银行利息回单，银行存款利息 7 200 元（见证账表 3-91）。

证账表 3-91

业务回单（收款）

日期：2021 年 12 月 31 日

回单编号：

付款人户名：　　付款人开户行：

付款人账号（卡号）：

收款人户名：大连利和电机股份有限公司　　收款人开户行：中国工商银行大连分行星海支行

收款人账号（卡号）：3400221857596221172

金额：柒仟贰佰元整　　小写：7 200. 00 元

业务（产品）种类：利息入账　凭证种类：　凭证号码：

摘要：利息　用途：　币种：人民币

交易机构：　记账柜员：　交易代码：　渠道：批量业务

起息日期：2021-10-05　止息日期：2021-12-30　利率：略　利息：7 200. 00

计息账户账号：3400221857596221172

本回单为第 1 次打印，注意重复　打印日期：2021 年 12 月 31 日　打印柜员：　验证码：

62. 12 月 31 日，分配本月工资费用（见证账表 3-92）。

证账表 3-92

工资结算汇总表

2021 年 12 月 31 日　　　　单位：元

人员	工资				加班		补贴			应发工资	本月增加		本月扣除						实发工资
	工时	岗位工资	能绩工资	效益工资	工时	工资	工龄	交通			医疗		失业保险	住房公积金	养老保险	医疗保险	个人所得税	工会经费	
											职工	家属							
生产工人																			
其中：A 产品工人																			200 000
B 产品工人																			160 000
C 产品工人											（略）								120 000
D 产品工人																			50 000
车间管理人员																			40 000
行政管理人员																			30 000
合计																			600 000

主管：刘宏　　　　审核：万芳　　　　制表：赵艺

63. 12 月 31 日，按当月职工工资总额的 28.5% 提取社会保险费、10% 提取住房公积金、2% 提取工会经费（见证账表 3-93）。

证账表 3-93

社会保险、住房公积金及工会经费分配表

2021 年 12 月 31 日　　　　单位：元

应借科目	应贷科目：应付职工薪酬									
	生产工人			车间管理人员			厂部管理人员			合计
	社保①	住房②	工会经费	社保	住房	工会经费	社保	住房	工会经费	
生产成本——A 产品	57 000	20 000	4 000							81 000
——B 产品	45 600	16 000	3 200							64 800
——C 产品	34 200	12 000	2 400							48 600
——D 产品	14 250	5 000	1 000							20 250
制造费用				11 400	4 000	800				16 200
管理费用							8 550	3 000	600	12 150
合计	151 050	53 000	10 600	11 400	4 000	800	8 550	3 000	600	243 000

主管：刘宏　　　　审核：万芳　　　　制表：赵艺

① 这里的“社保”是指社会保险，具体包括医疗保险费、养老保险费、失业保险费、工伤保险费和生育保险费等。

② 这里的“住房”是指住房公积金，是由国家机关、国有企业、外商投资企业、城镇私营企业及其他城镇企业、事业单位及其在职职工缴存的长期储金。

64. 12 月 31 日，按应收账款余额的5%计提坏账准备（见证账表 3-94）。

证账表 3-94

坏账准备计算表

2021 年 12 月 31 日　　　金额单位：元

“坏账准备”账户期初余额	本期增加	本期减少	本期提取	“坏账准备”账户期末余额
“应收账款”账户期末余额	提取坏账准备比例（%）	可提取额	备　　注	
1 605 800	5	80 290.00		

主管：刘宏　　复核：万芳　　制表：赵艺

65. 12 月 31 日，用银行存款 77 453 元支付罚款（见证账表 3-95）。

证账表 3-95

辽宁省非税收入统一收据

验证码：1800337708

填制日期：2021 年 12 月 31 日　　辽财政监大字第 002 号　　缴款方式：

缴款凭证号码		缴款人	大连利和电机股份有限公司		
执收单位编码		执收单位名称			
收入项目编码	收入项目名称	单位	数量	收缴标准	金额
	罚款				77 453.00
金额合计	人民币（大写）：柒万柒仟肆佰伍拾叁元整				¥77 453.00

第一联　收据

执收单位财务专用章　　收款人（签章）

66. 12 月 31 日，分配结转制造费用（见证账表 3-96）。

证账表 3-96

制造费用分配表

2021 年 12 月 31 日　　　金额单位：元

产品名称	分配标准	分配率（%）	分配金额
A 产品	1 000 000	4	40 000
B 产品	800 000	4	32 000
C 产品	600 000	4	24 000
D 产品	100 000	4	4 000
合　　计	2 500 000		100 000

主管：刘宏　　审核：万芳　　制表：赵艺

67. 12 月 31 日，本月 A 产品和 B 产品全部完工，验收入库，结转完工产品成本（见证账表 3-97、证账表 3-98 和证账表 3-99）。

证账表 3-97

生产车间

产品成本计算单

2021 年 12 月

产品名称	A 产品	规格		工时	
本期产量	525	单位	件		

成本项目	单位	期初在产		本期发生		本期在产		本期完工产品成本				
		在产量		数量 废品量		在产品 在产率	(%)	总成本		单位成本		
		耗用量	金额	耗用量	金额	数量	金额	耗用量	金额	耗用量	单价	金额
直接材料									353 950			674
直接人工									286 625			546
制造费用									40 425			77
制造成本									681 000			1 297

财务科长：刘宏　　　　车间主任：万芳　　　　成本员：赵芳

证账表 3-98

生产车间

产品成本计算单

2021 年 12 月

产品名称	B 产品	规格		工时	
本期产量	510	单位	件		

成本项目	单位	期初在产		本期发生		本期在产		本期完工产品成本				
		在产量		数量 废品量		在产品 在产率	(%)	总成本		单位成本		
		耗用量	金额	耗用量	金额	数量	金额	耗用量	金额	耗用量	单价	金额
直接材料									63 750			125
直接人工									240 900			472
制造费用									33 150			65
制造成本									337 800			662

财务科长：刘宏　　　　车间主任：万芳　　　　成本员：赵艺

证账表 3-99

完工产品入库单

物资类别：成品　　　　2021 年 12 月 31 日　　　　编号：

交货单位或部门	生产车间	生产单号码			验收仓库		
名称及规格	计量单位	数量		实际成本			
		应交	实收	单价	金额	杂费	合计
A 产品	件	525	525	1 297	681 000		
B 产品	件	510	510	662	337 800		
合　计					1 018 800		
检验结果	合格						
备注							

记账：赵艺　　　验收：刘文　　　仓库：刘文　　　交货：李贵才

68. 12 月 31 日，结转已销售产品成本（按完工产品单位成本计算）（见证账表 3-100）。

证账表 3-100

销售商品成本计算表

2021 年 12 月　　　　单位：元

发票日期	发票号码	购货单位	销售成本	发票日期	发票号码	购货单位	销售成本
（略）	（略）	（略）	A 产品　600 000 B 产品　58 000 C 产品　（略） D 产品　（略）				
合计			702 400				

主管：刘宏　　　复核：万芳　　　制表：赵艺

69. 12 月 31 日，计算并结转本月应负担的销售税金及附加（见证账表 3-101）。

证账表 3-101

城市维护建设税及教育费附加计算表

2021 年 12 月 31 日　　金额单位：元

税　　目	计税金额	税率（%）	应交金额
城市维护建设税	339 309. 70	7	23 751. 67
教育费附加	339 309. 70	3	10 179. 29
地方教育费附加	339 309. 70	2	6 786. 19
合　计			40 717. 15

主管：刘宏　　审核：万芳　　制表：赵艺

70. 12 月 31 日，结转本期损益类账户（见证账表 3-102）。

证账表 3-102

损益类账户发生额表

2021 年 12 月　　单位：元

账户名称	借方发生额	贷方发生额	净发生额
主营业务收入		2 897 000	
其他业务收入		24 000	
主营业务成本	702 400		
税金及附加	32 966. 96		
管理费用	90 023. 5		
销售费用	76 000		
财务费用	7 167	7 200	
信用减值损失	80 290		
营业外支出	83 953		
合　计	1 072 800. 46	2 928 200	

主管：刘宏　　审核：万芳　　制表：赵艺

71. 12 月 31 日，计算并结转本月应交所得税费用，并结转至“本年利润”账户（见证账表 3-103）。

证账表 3-103

所得税费用计算表

2021 年 12 月 31 日　　　　金额单位：元

应纳税所得额	税率（%）	应纳税额
1 855 399. 54	25	463 849. 89

主管：刘宏　　　　审核：万芳　　　　制表：赵艺

72. 12 月 31 日，按税后利润的 10% 提取法定盈余公积（见证账表 3-104）。

证账表 3-104

盈余公积计算表

2021 年 12 月 31 日　　　　金额单位：元

项　　目	计提依据	计提比例（%）	计提金额
法定盈余公积	1 391 549. 65	10	139 154. 97
合　　计	1 391 549. 6	—	139 154. 97

主管：刘宏　　　　审核：万芳　　　　制表：赵艺

73. 12 月 31 日，按有关规定计算应付投资者利润 120 000 元（见证账表 3-105）。

证账表 3-105

利润分配方案

大连利和电机股份有限公司董事会于 2021 年 12 月 20 日召开了第四次董事会，对本年利润分配方案作出如下决议：

根据本年度公司实现利润情况，考虑公司今后发展需要，决定将本年净利润的一部分，计 12 万元，在 2021 年年末向投资者进行分配。

董事会

2021 年 12 月 31 日

〔实训要求〕

一、建账。

二、填制自制原始凭证和记账凭证。

三、登记库存现金日记账和银行存款日记账。

四、登记各种明细账。

五、根据记账凭证逐笔登记总分类账。

六、对账和结账并编制试算平衡表。

七、编制资产负债表和利润表。

〔实训步骤〕

一、设置三栏式“总分类账”，每张账页开设一个总账账户。

二、设置三栏式“银行存款日记账”和“库存现金日记账”。

三、建立和启用相应格式的明细账：（1）三栏式明细账，登记“应收账款”、“应付账款”、“应交税费”和“其他应收款”等只需要进行金额核算的明细账；（2）数量金额式明细账，登记“原材料”“库存商品”等既需要进行数量核算，又需要进行金额核算的明细账；（3）多栏式明细账，登记“生产成本”、“制造费用”、“管理费用”、“利润分配”、“本年利润”和“主营业务收入”等明细账。以上明细账留有所需账页即可，然后按顺序编号。

四、审核原始凭证，审核无误后，据以编制相应的收款凭证、付款凭证和转账凭证；增值税专用发票的抵扣联应单独保管，其余原始凭证应附在记账凭证的后面；为了减少登记总分类账的工作量，可以将一部分相同内容的原始凭证编制成汇总原始凭证后，再据以编制记账凭证；月末根据有关账簿记录填制“记账编制凭证”并据以编制记账凭证。需要根据账簿记录填制的“记账编制凭证”有制造费用分配表、职工薪酬分配表、完工产品成本计算表、各种税金草算表等。

五、逐日逐笔登记库存现金日记账和银行存款日记账，并办理日结手续和转页手续。

六、逐日逐笔登记各种明细账，并逐日结算各账户余额。

七、根据记账凭证逐笔登记总账。

八、月末办理对账和结账：（1）检查本期内发生的经济业务是否已全部填制记账凭证，并已登记入账；（2）按照权责发生制会计核算基础进行账项调整；

(3) 编制“总分类账户发生额及余额试算平衡表”，以检查总分类账记录是否正确；(4) 编制“明细分类账户发生额及余额试算平衡表”，以检查总账和所属明细账的平行登记是否正确。

九、月末，根据总分类账和明细账的有关记录编制资产负债表和利润表。

十、月末，将全月的记账凭证装订成册，加具封皮，归档并加以妥善保管。

〔实训思考〕

一、记账凭证账务处理程序的优缺点及适用范围是什么？

二、在记账凭证账务处理程序的实训中，需要注意些什么？

三、记账凭证账务处理程序的工作步骤如何？

〔实训提示〕

一、本实训是一个较为完整的会计核算实训，操作本实训时应根据会计核算各环节之间的内在联系，衔接好各实训环节。

二、在填制和审核多联式原始凭证时，据以记账的必须是多联中的“记账联”、“报账联”和“财务留存联”等，其他联不能作为记账凭证的附件。填制或取得增值税专用发票时，要根据企业的销货方或购货方身份，用适当的联作为记账凭证的附件。

三、自制的原始凭证应根据企业核算的需要自行设计格式和内容。

/实训二　科目汇总表模拟实训

科目汇总表账务处理程序也称记账凭证汇总表账务处理程序，其特点是定期根据记账凭证编制科目汇总表，根据科目汇总表登记总账。这种账务处理程序一般适用于大中型企业单位。

〔实训目的〕

通过该项实训，使学生熟悉在科目汇总表账务处理程序下，会计凭证的设置、账簿的组织以及记账程序的基本内容，并能掌握其实际操作的基本程序和方法。

〔实训资料〕

一、本篇实训一中的实训资料，即大连利和电机股份有限公司 2021 年 12 月份发生的全部经济业务。

二、科目汇总表的格式见证账表 3－107。

证账表 3－107

科 目 汇 总 表

（记账凭证汇总表）

年　　月　　日　　　　　　　　　　字　第　　号

	借方金额								会计科目	贷方金额							
	万	千	百	十	元	角	分			万	千	百	十	元	角	分	

〔实训要求〕

一、建账。

二、编制记账凭证（收款凭证、付款凭证和转账凭证）。

三、根据记账凭证中的收款凭证和付款凭证逐日登记库存现金和银行存款日记账。

四、根据原始凭证和记账凭证登记明细账。

五、定期编制科目汇总表。其方法是根据记账凭证，按照相同科目的发生额分别将借方、贷方加以汇总，经试算平衡后，据以登记入账。

六、根据科目汇总表定期登记总账。

七、对账、结账并编制试算平衡表。

八、根据账簿记录编制资产负债表和利润表。

〔实训步骤〕

各种账务处理程序的主要区别就在于登记总账的依据和方法不同，所以科目汇总表账务处理程序下的实训操作与记账凭证账务处理程序下的实训操作相比较，除登记总账的依据和方法不同之外，其余基本相同。因而，科目汇总表账务处理程序下的实训操作，只需根据记账凭证编制科目汇总表，然后根据科目汇总表登记总账。该项实训要求按月编制科目汇总表，并按月登记总账。

〔实训思考〕

一、科目汇总表账务处理程序的优缺点有哪些？

二、科目汇总表账务处理程序的适用范围是什么？

三、在科目汇总表账务处理程序的实训中，需要注意哪些问题？

〔实训提示〕

本实训是科目汇总表账务处理程序下的会计核算实训，在进行实际操作时要注意，登记总账前要先编制科目汇总表，经试算平衡后据以登记总账。